자전거, 인간의 삶을 바꾸다

교통 혁신·사회 평등·여성 해방을 선사한
200년간의 자전거 문화사

한스-에르하르트 레싱 글 | 장혜경 옮김

자전거,
인간의 삶을
바꾸다

나
아날로그

토머스 워스, "벨로시페드 마니아 — 무슨 일이 일어날지!"

《하퍼스 위클리》 1869.5.1

"인생은 자전거를 타는 것과 같다.

균형을 잡으려면 끊임없이 움직여야 한다."

– 알베르트 아인슈타인

사람들이 페달을 밟을 때마다
세상도 힘차게 앞으로 나아갔다

1817년 카를 폰 드라이스는 자신이 만든 달리는 기계를 타고 독일 만하임에서 출발해 12.8킬로미터 거리를 한 바퀴 돌고 돌아왔다. 걸린 시간은 1시간 남짓, 최초의 자전거 드라이지네가 인간의 삶 속에 들어온 역사적인 순간이다. 하지만 그때까지만 해도 이 놀라운 기계에 대한 관심은 그리 크지 않았다.

사람들이 드라이지네에 주목하게 된 것은 1815년 인도네시아 탐보라 화산 폭발 때문이었다. 화산재가 몇 년에 걸쳐 바람을 타고 유럽까지 건너와 하늘을 덮어버리자 기근이 들었고, 말을 키우기가 어렵게 되자 드라이지네가 새로운 운송 수단으로 떠오르게 된 것이다. 그 이후 200년간 자전거는 시대와 사람들의 요구에 따라 수없이 많은 변화를 거듭하며 지금에 이르렀다. 바퀴의 수, 안장 높이, 휠의 재질 등 자전거 형태가 조금씩 달라질 때마다 인간의 삶도 함께 바뀌어 갔다.

1890년대까지만 해도 사람들은 축제 때 퍼레이드 꽃마차를 자전거로 장식할 만큼 자전거에 열광했다. 한창 경제 전쟁을 벌이던 시절이었으므로, 온갖 황당한 전설까지 동원해 '최초의 자전거' 명예를 차지하려 하거나 최첨단 자전거 기술을 서로 자국의 공으로 돌리기 위해 애쓰기도 했다. 하지만 이 같은 선도 기술의 자리를 모터사이클과 자동차에 빼앗기고, 합리적 대량 생산의 결과로 가격이 낮아지고 모델 다양성은 사라짐으로써 자전거의 입지는 점차 좁아졌다.

그러다 대도시와 대학도시에서 자전거 열풍이 불면서 상황은 다시 나아졌고, 개성을 뽐내는 디자인 자전거와 개인 취향에 맞춰 제작한 맞춤 자전거들도 여기저기서 등장했다. 1970년대 오일 쇼크 이후 자전거에 대한 관심 또한 크게 늘었다. 영국의 베테랑 사이클 클럽, 미국의 더 휠맨, 독일의 역사 자전거 협회 같은 자전거 베테랑 클럽들이 잡지까지 자체 발행하며 자리를 잡아나갔다. 또 1990년부터는 국제 사이클링 역사 회의가 해마다 개최국을 바꾸어가며 열리고 있다.

자전거는 인류에게 새로운 가능성을 열어주었다. 오직 걷거나 말을 이용하는 것 외에 별다른 수단이 없던 운송 체계에 혁신을 가져왔고, 돈이 많든 적든, 남자든 여자든 누구나 이용할 수 있어 사회 평등으로 한 발 더 나아가는 중요한 기초가 되었다. 또한 다른 사람의 도움 없이는 이동조차 자유롭지 않았던 여성들이 스스로 정신적·신체적 한계를 뛰어넘도록 함으로써 여성 해방의 상징이 되었다. 하지만 자전거가 우리 삶에 미친 이 같은 영향에 비해 그 역사에 대한 관심은 여전히 부족하다. 기술사는 어느 정도 연구·정리되었지만, 당시 신문과 기타 여러 자료를 토대로 광범위한 분석을 거친 문화사 연구는 이제 겨우 시작 단계다.

2017년 자전거 탄생 200주년을 맞아 우리가 진작에 관심을 가졌어야 할 자전거의 역사를 한 권의 책으로 정리했다. 자전거의 기술 발전과 맞물려 당시 사람들의 삶과 생각, 사회와 문화가 어떻게 바뀌었는지를 함께 들여다볼 것이다. 그 어떤 교통 수단보다 자전거는 이런 관심을 받아 마땅한 자격을 갖추고 있으니까.

이탈리아의 인류학자 파올로 만테가차Paolo Mantegazza는 1893년, 이 '자유의 기계'를 향해 다음과 같은 열광적 찬사를 보냈다.

"자전거 스포츠는 물질의 관성을 고민한 인간의 사고가 얻어낸 승리다. 땅에 닿지도 않을 것 같은 두 개의 바퀴, 채

찍을 맞은 말이 흘리는 잔혹한 땀 한 방울 없어도, 증기를 뿜어대는 기계의 고막을 찢는 괴성이 없어도, 날개에 오른 듯 어질어질 취하게 만드는 속도로 그대를 멀리 데려가는 두 개의 바퀴. 균형·가벼움·소박함의 기적. 최고의 힘과 최소의 마찰. 속도와 우아함의 기적. 천사가 되고 싶고 땅을 밟고 싶지 않은 인간. 그리스의 무덤에서 부활해 우리 앞에 살아난 헤르메스. 그것이 자전거 타는 사람이다."

2017년 1월 코블렌츠에서
한스-에르하르트 레싱

Contents
차례

책을 펴내며

사람들이 페달을 밟을 때마다
세상도 힘차게 앞으로 나아갔다 ··· 6

Chapter **1.**

새로운 이동 수단의 탄생

"두 발을 모두 땅에서 떼고 균형을 잡으라고요?"

Chapter 2.

페달을 달고 붐을 일으키다

"이제 땅을 구르는 대신 편하게 페달을 돌리세요."

Chapter 3.

바퀴 발명을 둘러싼 치열한 경쟁

"젊은이는 하이휠, 노인은 세 바퀴!"

Chapter 7

자전거 바퀴는 역사와 함께 굴러간다

"자전거를 이용해 오일 쇼크를 극복합시다!"

Chapter 1.

새로운
이동 수단의
탄생

"두 발을 모두 땅에서 떼고 균형을 잡으라고요?"

∞

긴 겨울이 선사한 선물, 스케이트

북유럽 사람들은 오래전부터 동물 뼈를 신발 밑에 붙여 스케이트를 탔다. 주로 돼지 정강이뼈를 사용했는데, 뭉근히 끓인 돼지 정강이뼈 요리의 이름이 아이스바인Eisbein(독일어로 Eis는 얼음, Bein은 다리라는 뜻이다. - 옮긴이)인 것도 그 영향일 것이다. 유럽을 강타한 소빙하기는 긴 겨울을 선사했고, 네덜란드 유명 화가들의 아름다운 겨울 그림들만 보아도 알수 있듯 특히 네덜란드에서 스케이팅이 국민 스포츠로 자리를 잡았다. 심지어 여성들까지 얼음판으로 달려 나왔는데,

피터르 브뤼헐, 〈겨울의 기쁨〉, 16세기경

긴 겨울이 이어진 유럽, 특히 네덜란드에서는 얼음판 위의 스케이
팅을 남녀노소 구분 없이 즐겼다. 화가들은 이 같은 풍경을 고스란
히 화폭에 담아냈다.

독일이나 프랑스에서는 예의범절을 들먹이며 절대로 허용하지 않던 일이었다.

네덜란드를 대표하는 화가 피터르 브뤼헐Pieter Bruegel의 〈겨울의 기쁨〉은 당시 풍경을 생생하게 전달해준다. 얼굴 표정은 보이지 않지만, 몸짓만으로도 사람들이 얼마나 즐거워하고 있는지를 느낄 수 있다.

그렇다면 당시 네덜란드 사람들은 어떻게 얼음을 지쳤을까? 안타깝게도 18세기 네덜란드 신문에서는 관련 자료를 찾아볼 수가 없다. 그 대신 1788년에 발행된《고타 연감Gothaische Hofkalender》이 우리를 네덜란드의 얼음판으로 안내한다.

18세기 중반만 해도 귀족 여성들까지 얼음판으로 나와 멋진 실력을 뽐냈다. 얼음판마다 남녀 가릴 것 없이 사람들로 가득했다. 귀족 여성이 두 농부와 함께 얼음을 지치거나 귀족 남성이 농부 아낙네에게 팔을 내미는 광경도 흔했다. 여성의 스케이트화 끈을 묶어주는 것은 매우 친절한 행동으로, 여성은 그 노고에 즉각 키스로 보답해주었다. 그러나 이런 화기애애한 풍경은 곧 사라지고, 특히 네덜란드 귀족 남성들이 이런 풍습을 외면하기 시작했다. 그래도 여전히 얼음을 지치는 숙녀들은 많다. 농부 아낙네들과 수많은 시골 여성들이 여전히 얼음을 지친다.

겨울에 강이 얼면 자연은 바닥이 고른(얼음) 평지를 선사한다. 물의 물리적 특성이 만든 결과다. 얼음은 물보다 가벼워서 항상 물 위에 뜨기 때문이다. 당시의 도로들은 울퉁불퉁한 데다 움푹 팬 곳도 많았으며 비가 오면 금방 진창으로 변했다. 그래서 특히 배수로와 운하의 망이 촘촘한 네덜란드에서는 겨울이면 스케이트가 유익한 교통수단이 되곤 했다.

네덜란드와 다른 추운 나라에서는 우유를 배달하는 아낙네들을 흔히 볼 수 있다. 우유가 가득 담긴 통을 머리에 이고, 발에는 스케이트화를 신고서 – 이들은 달리면서 뜨개질도 한다 – 이웃 도시로 달려가 시장에 우유를 배달한다. 일을 마치고 나면 같은 방법으로 집으로 돌아오는데 왕복 거리가 수 킬로미터인 경우도 드물지 않다.

여성의 놀라운 멀티태스킹을 입증하는 이 글은 네덜란드가 상대적으로 일찍부터 스케이트를 교통수단으로 이용했다는 사실을 잘 보여준다.

사람보다 말 기르기가 더 어렵구나!

이처럼 스케이트라는 이동 수단이 있기는 했지만, 그것을 이용하려면 추운 날씨와 얼음판이라는 특수한 조건이 갖

춰져야 했다. 즉, 일상적인 수단은 아니었다. 수백 년에 걸쳐 인간의 이동 방법은 자기 발로 걷거나 말을 이용하는 것 둘 중 하나였다. 걷지 않고서 어딘가로 가려면 말에 이런저런 차량을 매어서 그것을 탈 수밖에 없었다. 20세기까지도 말은 중요한 경제 요인이자 경제 부문이었다. 농업을 제외하더라도 말 덕분에 먹고 사는 직업군이 한둘이 아니었다. 마부, 차부, 기마병, 경기병, 말 상인, 안장장이, 승마 교사, 마구간 감독관, 말발굽 대장장이, 수의사, 말 도축업자, 박피 전문가 등이 대표적인 말 관련 직업이었으며, 여기에 해마다 모델을 바꾸어가며 마차 제작에 참여한 다양한 직종도 포함되었다.

도시에서 말을 키우자면 상당히 많은 돈이 들었다. 왕립 군사 아카데미에서 수학을 가르쳤던 수학자 토머스 데이비스Thomas S. Davies가 1840년대에 그 비용을 계산해본 적이 있었다.

> 말을 사는 데 약 40파운드가 들고, 가장 저렴하게 키운다고 해도 1년에 30~40파운드가 들며, 마구간 유지 비용과 마구간 감독관에게 들어가는 비용은 이 총액의 두 배가 넘는다. 말이 서른 살까지 산다면, 총 비용은 구입비까지 합쳐서 1,700파운드를 넘는다. 말 한 필을 사서 죽을 때까지 키우는 데 그렇게나 많은 돈이 드는 것이다.

이 정도 돈이면 당시 런던에서 집 한 채를 너끈히 살 수 있었다. 군주를 모시는 관료들은 관용마의 여물과 건초를 현물로 받았다. 예를 들어 바덴 주 산림 감시관은 해마다 귀리 15말터malter, 건초 36첸트너zentner, 짚 100분트bund에 75굴덴gulden의 돈을 추가로 받았다. 따라서 수공업자나 벌이가 시원치 않은 일반인들은 감히 말을 키울 엄두조차 내지 못해서 소나 나귀, 염소나 개 등을 이용했다. 혹은 지금의 택시에 해당하는 삯마차를 이용하기도 했다.

군대에서는 말의 유지가 곧 물류 문제와 직결되었다. 우방국가에서는 농부들에게 돈을 주고 여물을 구입했고 적국에서는 강제로 징집했다. 하지만 그런 강제 징집이 때로는 역풍으로 돌아오기도 했다. 한 예로 1812~1813년 나폴레옹은 러시아 원정에 나섰으나 참패했다. 러시아 군은 프랑스 군이 러시아로 들어올 때와 거의 같은 루트로 돌아갈 수밖에 없도록 작전을 짰는데, 프랑스 군의 말들이 떼죽음을 당한 것이다. 러시아로 들어오는 길에 농가를 털어 여물을 다 약탈해버려서 보급 물자가 부족했기 때문이다.

산림관 드라이스와 달리는 기계

자동차 잡지 구독자라면 '달리는 기계Fahrmaschine'라는 말

카를 폰 드라이스

1785년 4월 29일 카를스루에에서 태어난 드라이스는 인류 역사상 가장 운이 좋은 발명품 중 하나를 세상에 선보였다. 자전거의 선조, 두 바퀴로 달리는 기계(드라이지네)가 바로 그것이다.

이 익숙할 것이다. 보통 굉음을 내며 미친 듯 빠른 속도로 달리는 스포츠카를 감탄의 뜻을 담아 이렇게 부른다. 또 이탈리아에 가본 적 있는 사람이라면, 거기 사람들이 자동차를 '기계^{la machina}'라고 부른다는 것도 잘 알 것이다. 이 단어의 역사는 1813년 라이프치히 전투(1813년 10월 16일부터 18일까지 나폴레옹 군대와 프로이센·오스트리아·러시아 연합군 간에 벌어진 전투 – 옮긴이)만큼이나 오래되었다.

전투가 끝난 지 11일 후 바덴에 사는 산림관 카를 폰 드라이스^{Karl von Drais}가 자기보다 한 살 어린 27세의 대공 카를 1세에게 편지를 썼다. 대공에게 자신의 최신 발명품에 대한 우선권(당시만 해도 아직 바덴에는 특허권이 없었다)을 주고 싶다고 한 것이다. 대공은 말 없이도 잘 달리는 그 기계를 발명가의 시연을 통해 이미 본 적이 있었다. 그렇게 하여 달리는 기계는 공식 문서에 처음으로 이름이 올랐다. '달리는 기계'라는 말은 발명가가 직접 붙인 이름이었다. 그는 그 전에도 (종이에 그린 일종의 피아노 레코더인) '음악 기계^{Musikmaschine}'와 측량기사가 면적을 계산할 때 쓰는 '변신 기계^{Verwandlungsmaschine}'를 발명한 적이 있었다. 훗날에는 자판을 갖춘 최초의 '타자기^{Schreibmaschine}'도 그의 손을 거쳐 세상에 나왔다.

드라이스는 인류 역사상 가장 운이 좋은 발명품 중 하나를 세상에 선보였다. 자전거의 선조, 두 바퀴로 달리는 기계(드라이지네)가 바로 그것이다. 달리는 기계의 동력은 아직까지는 온전히 사람이었다. 그러니까 '인간 자동차'였던 셈이다. 사실 두 가지 버전의 달리는 기계는 발명가의 손가락 연습 정도에 불과했다. 하지만 그것이 후대에 미칠 영향력을 생각하면, 자전거가 경제역사가 조지프 슘페터[Joseph A. Schumpeter](오스트리아 출신의 미국 이론경제학자. 경기 순환에 관한 이론과 역사·통계의 종합적 성과인 《경기순환론[Business Cycles]》을 저술했으며 케인스와 더불어 20세기 전반의 대표적 경제학자로 평가된다. - 옮긴이)의 혁신 모델에 부합하는 위대한 발명품임을 확인할 수 있다.

슘페터는 혁신이란 항상 수요에 대한 응답이라고 말한 바 있다. 1812년을 시작으로 연이어 흉작이 계속되자 말 사료로 이용되는 귀리의 가격이 크게 올랐다. 게다가 나폴레옹과 전쟁을 치르면서 군인들은 농가의 곡식을 다 털어갔다. 따라서 드라이스는 말을 이용하지 않는 이동 방식이 매우 시급하다고 생각했다. 하이델베르크 대학에 입학한 직후 그는 슈베칭엔 성의 정원에서 사람들을 태우고 다니는 말 없는 마차 파에톤을 정밀 분석했다. 마차의 기계 장치가 너무 복잡하고 힘이 많이 든다는 결론을 내린 그는 페달을 양쪽 뒷바퀴 사이에 바로 장착해 기계장치를 최소화했다. 안장에 사람이 앉아서 그 페달을 발로 밟으면 뒷바퀴가 움직였다. 파에톤과 마찬가지로 한 사람이 동승해서 핸들을 담당했지만 파에톤의 경우 페달을 밟는 동승인은 뒤쪽밖에 볼 수

말 없는 마차 파에톤

파에톤은 성의 정원에서 이용된 이동수단으로, 말 대신 사람의 힘으로 운행했다. 뒤에 탄 사람이 페달을 구르면 앞에 앉은 사람이 핸들을 잡고 방향을 조정했다.

가 없었기 때문에 드라이스는 양쪽 뒷바퀴 사이에 크랭크축을 장착해 페달을 밟는 사람도 진행 방향을 볼 수 있게 만들었다. 물론 기계의 속도는 시속 6킬로미터로 매우 느렸다.

아쉽게도 이 네 바퀴 페달 자전거의 그림은 찾아볼 수가 없다. 당시 전문잡지에 실린 드라이스의 설명만 남아 있을 뿐이다. 승리를 거둔 러시아의 차르 알렉산드르 1세가 카를스루에에 사는 장모 아말리에를 보러갔다가 그 기계를 보고 감격해서 "천재적이구나!"라고 말했다. 그는 드라이스에게 다이아몬드 반지 하나를 선물로 하사하고, 그 발명품을 빈 회의에 가져가서 시연해보라고 했다. 하지만 이 같은 차르의 제안은 그리 천재적이지 않았다.

차르의 제안에 따라 드라이스는 1814년 아버지의 경제적 지원을 받아 빈으로 향했다. 달리는 기계를 직접 타기도 하고 배에 실어 도나우 강을 건너기도 했다. 하지만 땅 싸움에만 눈이 멀어 있던 유럽의 군주들은 아무런 관심도 보이지 않았다. 그들은 회의장에 병기 전문가를 대동하지 않았을 뿐만 아니라, 말에게 먹일 귀리 값에 전전긍긍하는 사람들도 아니었기에 굳이 말 이외의 대안을 고민할 이유가 없었던 것이다. 그러자 드라이스는 전단지를 배포해 빈의 사람들에게 개발 취지를 상세하게 알렸다. "전시에 말과 여물이 구하기 힘들어지면, 이런 차가 중요해질 수 있습니다." 당시는 전시가 아니었지만 대신 흉년은 계속되고 있었다. 하지만 결국 높으신 분들께 퇴짜를 맞은 드라이스는 절망해서 측량이나 예항선에 필요한 다른 발명품으로 눈을 돌렸다.

화산 폭발로 불 붙은 달리는 기계에 대한 관심

1816년 상황은 실로 극적으로 악화됐다. 역사가 존 D. 포스트John D. Post는 인류의 마지막 대 생존 위기라는 말까지 사용했다. 쉬지 않고 비가 내렸고 미국과 캐나다는 물론이고 슈바벤 알프까지도 여름에 눈이 내려서 작황이 이루 말할 수 없이 나빴다. 당연히 기근이 들었다. 이 모든 것이 1815년 인도네시아 탐보라 화산이 폭발하면서 뿜어져 나온 엄청난 화산재와 그에 따른 전 지구적 기후 변화의 영향이었다. 강과 시냇물과 호수가 범람했다. 곡물과 감자가 들판에서 썩었다. 독일 남부와 스위스의 빈민들은 진흙을 집어먹었고 나뭇잎을 끓여 먹었으며 고양이를 잡아먹었다. 먹을 것이 없자 가축도 굶어죽거나 잡아먹혔다. 그 이듬해인 1817년에는 기근이 더 극심해졌다. 프랑스 의회가 왕에게 올린 재정보고서를 보면 말들이 떼로 죽어간다는 내용도 있다. 대공국 바덴의 궁정 수의사는 훗날 그 당시를 회상하며 1817년에는 영양이 부족한 그 지역의 말들이 대부분 치명적인 근육염에 걸렸고, 그 병을 막을 수 있는 공식적인 조치는 상한 여물을 먹이지 말라는 것뿐이었다고 했다. 카를스루에의 바덴 궁전에 파견된 프로이센 대사의 아내 라헬 폰 바른하겐Rahel von Varnhagen은 이런 편지를 쓰기도 했다.

문 앞까지 기근이 찾아왔습니다. 이런 기근은 생전 처음입니다. 여기서 몇 마일 떨어진 오버란트(바덴의 남부)에서는 나무껍질로 빵을 만들어 먹고, 죽어서 땅에 묻은 말까지 다시 파내서 먹는다고 합니다. 온갖 잔혹한 짓이 벌어지고 있습니다.

그런데 이런 대재앙이 드라이스에게는 오히려 호재로 작용했다. 1817년 7월을 기점으로 산림관 드라이스의 이름이 서양의 모든 신문에 실렸다. 두 개의 바퀴를 앞뒤로 나란히 장착한 미니멀리즘 이동수단을 타고서 그가 6월 12일에 만하임 시내의 제일 좋은 도로를 달려서 슈베칭엔 역참까지 갔다가 다시 집으로 돌아왔던 것이다. 우편마차로 4시간 걸리던 거리를 1시간도 채 안 되는 짧은 시간 안에 왕복했다. 12.8킬로미터, 영국식으로 계산하면 8마일의 구간이었다.

드라이스의 기계를 가장 먼저 세상에 알린 신문은 《바덴바덴시의 바트보헨블라트Badwochenblatt der Stadt Baden-Baden》였다. 드라이스는 게른스바흐Gernsbach에서 산길을 올라 바덴바덴시까지 갔는데, 만하임 평지에서 시속 14~15킬로미터였던 것과 달리 오르막길이어서 평균 속도가 시속 6킬로미터

달리는 기계를 타고 있는 드라이스

드라이스는 1817년 6월 12일 만하임을 출발해 슈베칭엔 역참까지 갔다가 다시 집으로 돌아왔다. 약 12.8킬로미터 구간이었고 걸린 시간은 1시간 정도였다. 그는 대략 22킬로그램 무게인 달리는 기계를 발로 바닥을 차면서 움직였다. 달리는 기계가 독일 전역으로 급속도로 보급되었지만, 드라이스는 가난하게 살다가 1851년 12월 10일 카를스루에에서 숨을 거두었다.

달리는 기계 드라이지네

벚나무와 연목으로 만들어진 1820년경의 드라이지네. 독일 하이델
베르크의 선제후 박물관에 전시되어 있다.

였다. 왕복 후에는 해당 소식을 직접 작성하여 신문사에 보냈고, 이전 발명품인 네 바퀴 기계의 성공 뉴스를 언급하면서 이 새로운 발명품을 'LODA'라고 지칭했다. 프랑스어 'locomotion'과 'dada'의 합성어로, 두 단어는 각각 '이동'과 '슈테켄페르데(막대기에 말머리를 꽂아 말을 탄 것처럼 타고 노는 어린아이들의 놀이 – 옮긴이)'라는 뜻이었다. 가을이 되자 그는 새 발명품을 '달리는 기계'라고 바꾸어 불렀다. 그러나 신문들은 프랑스 신문들이 '라 드라이지엔la draisienne'이라고 부른 것을 본떠서 '드라이지네'라고 불렀다. 또는 빠른 발이라는 뜻의 '벨로시페드vélocipède'라고도 불렀다.

4년 전에 만든 네 바퀴짜리 자전거와 달리 이번에는 반향이 엄청났다. 드라이스는 《알게마이너 안차이거 데어 도이첸Allgemeiner Anzeiger der Deutschen》에 다음과 같은 기사를 작성해서 보냈다.

> 말이 없어도 달릴 수 있는 매우 단순한 기계를 최근에 발명한 이후로 너무 많은 편지가 날아와서 답장은커녕 일일이 다 읽어 볼 수도 없을 정도다.

그 신문에는 이름을 밝히지 않은 독일 튀링겐주의 중부 도시 예나에 거주하는 한 남성이 이런 광고도 실었다.

최근에 카를스루에의 산림관 카를 폰 드라이스 남작께서 발명하신 달리는 기계는 어디 가면 살 수 있을까요? 완성품이 아닌 설계도라도 좋습니다. 사례합니다.

이 정도 인기라면 작은 공장 하나 지을 조건은 충분히 갖췄다고 봐도 좋을 것이다. 당연히 드라이스 역시 공장 주인을 찾아다녔다. 하지만 시대가 그것을 허락하지 않았다. 당시에는 아직 특허보호제도가 없었다. 단독으로 판매해도 되는 권리, 즉 우선권만 존재했다. 따라서 기술자들은 당장 달리는 기계를 복제 제작했고, 신문 기사 내용을 근거로 나름대로 변화를 주어 새로운 형태의 자전거를 만들었다. 드라이스 역시 관심을 보이는 사람들에게 선뜻 동판화 설계도를 보내주었고, 그들은 그 설계도를 가지고 자기 지역 기술자들에게 제작을 의뢰했다.

실용적인 포켓용 지구본으로 유명세를 얻은 뉘른베르크의 기술공 요한 바우어Johann Bauer는 심지어 먹지를 대고 베낀 설계도와 함께 달리는 기계를 설명한 책을 펴내기도 했다. 세계 최초의 자전거 책인 셈이다. 지금은 상상하기 힘들지만 당시 사람들은 균형 공포가 심각했으므로 바우어는 번거로운 손 페달을 첨가한 세 바퀴 자전거를 추가 발명해서 책에 싣기도 했다. 하지만 그의 세 바퀴 자전거는 개선이 아니라 개악이었다. 달리는 기계를 이용한 경험담 기록은 세 종류가 남아 있는데, 그중 하나에는 바우어의 세 바퀴 자전거를 만들어서 타본 결과 만족스럽지 못했다는 내용이 적혀 있다.

나폴레옹의 수양딸이자 바덴 대공비 스테파니 드 보아르네Stéphanie de Beauharnais 공작부인의 보호 덕에 드라이스는 마침내 달리는 기계의 5년 사용 특허권을 받아냈지만, 거기서도 나오는 수입은 전혀 없었다. 불법 복제품 – 드레스덴에서만 5종이나 되었다 – 을 제작한 사람들은 꿈에도 특허료를 지불해야 한다는 생각을 하지 않았다. 드라이스가 만하임의 바그너 프라이Wagner Frey에게 제작을 의뢰해 기계를 공급해준 귀족 구매자들만 핸들에 박힌 은 아연의 드라이스 문장에 대한 상표권을 인정해 그에게 돈을 지불했다.

원래 대공국 바덴에서는 문장 없는 기계를 타고 가는 사람을 만나면 그 기계를 압수할 수 있었다. 하지만 실제로도 그렇게 엄격하게 조치했는지는 알려져 있지 않다. 드라이스는 프랑크푸르트에도 특허권을 신청했지만 거절당했다. 프랑크푸르트의 지역 기술공 엠리히 볼렌슐래거Emrich Wolenschlaeger를 보호하기 위한 조치였다. 바이에른에서도 마찬가지였다. 프로이센에서는 특허권을 받았다고 알려져 있지만, 오스트리아는 이미 복제품을 만들기 시작한 빈의 공장 안톤 부르크 운트 존Anton Burg & Sohn을 보호하기 위해 드라이스의 신청을 기각했다. 프랑스에서는 10년 기한의 특허권을 받았다.

땅에서 두 발을 떼고도 달릴 수 있다고?

지금으로부터 100년도 더 전에 《브록하우스 백과사전Der Brockhaus Enzyklopädie》에 적혀 있던 "달리는 기계는 자전거의 전신"이라는 표현은 확실히 잘못된 것이다. '전신'이라는 것은 자전거가 아니라는 뜻이기 때문이다. 1866년에 등장한 앞바퀴에 크랭크가 장착된 모델이 최초의 진짜 자전거라는 내용도 틀렸다. 기술 혁명을 바라보는 이런 회고적 시각은 너무 순박하다. 이런 식의 평가가 나올 당시는 아직 독일이 왕국이었다는 사실을 잊지 말아야 한다. 그러니까 아무 힘도 없는 드라이스를 여전히 선동적인 민주주의자이자 국가의 적으로 분류해 공식적으로 칭찬과 인정을 할 수 없었던 시절이었던 것이다. 하지만 엄연히 달리는 기계는 오늘날의 자전거가 지닌 수많은 특징을 이미 갖추고 있었으므로 자전거의 '원조'로 보는 편이 더 옳다.

달리는 기계의 특징

- 균형을 잡을 수 있는 두 바퀴의 원리
- 직경이 27촐 크기인 바퀴(촐은 길이의 단위로 약 2.3~3센티미터)
- (마트에서 쓰는 쇼핑카트의 작은 바퀴처럼) 앞바퀴 백래시를 이용한 조향 안정화
- 개폐가 가능한 윤활유 구멍, 황동 리플로 조인 평베어링 차축

- 자전거를 세워둘 때는 내렸다가 달릴 때는 다시 접어 올리는 앞바퀴 스탠드
- 오르막길에서 자전거를 끌고 올라갈 수 있도록 앞으로 젖혀지는 핸들
- 옵션: 앞바퀴 양쪽에 매달 수 있는 삼각형 가죽 주머니
- 옵션: 안장 뒤쪽의 짐칸
- 옵션: 핸들에서 조작할 수 있는 뒷바퀴 답면 제동 장치(마차보다 훨씬 일찍 사용했다)
- 옵션: 운전자의 키에 맞춰 높이를 조절할 수 있는 안장과 핸들

달리는 기계가 페달 없이 발로 땅을 차서 앞으로 나아간 것은 당시 사람들이 땅에서 장시간 발이 떨어진 상태를 상상조차 할 수 없었던 데 그 원인이 있었다. 인간, 기계, 도로, 이 세 가지 요인 중 가장 개선이 시급한 것이 바로 인간이었던 것이다. 그 뒤를 바짝 쫓아 도로 상태의 개선이 필요했지만, 기계 그 자체를 고쳐야 한다는 생각은 거의 하지 못했다. 따라서 발로 땅을 차고 나아가는 방식은 구조적 결함이 아니라 당시 사람들의 균형 공포가 낳은 결과였다.

1817년 11월에 슈반 운트 괴츠Schwan & Götz 서점이 드라이스의 3쪽짜리 자전거 책자를 발행했다. 기술자들이 보고 따라서 제작할 수 있도록 두 가지 동판화 설계도도 첨부했다. 또 이 책에는 사용설명서도 들어 있었는데, 드라이스가 설명

한 균형 잡기 방법은 올바르지 않았다. 드라이스는 균형을 잡으려면 쿠션을 댄 균형판에 힘을 주어야 한다고 적었다. 아래팔을 올려두는 균형판은 라이더의 추진력을 기계로 옮겨주는 역할을 했다. "균형판이 일어나려고 하면 항상 그 지점을 내리눌러" 균형을 잡아야 한다는 것이었다.

그러나 그의 설명대로 되지 않았다. 균형판과 안장이 딱 붙어 있었고, 균형을 잡는 라이더는 땅에서 발을 뗀 채 안장에 앉아 있는 상태가 되어 발을 구를 수가 없기 때문이었다. 3년이 지나고 나서야 드라이스는 자전거의 물리학을 정확하게 설명할 수 있었다.

달리다가 실수로 균형을 잃으면 보통은 발을 이용해 균형을 잡을 수 있다. 또는 전체 중심이 쏠리는 방향으로 핸들을 살짝 돌리면 된다.

이 설명은 지금 우리가 균형을 잡는 방법과 정확히 일치한다. 왼쪽, 오른쪽 번갈아가면서 기울어지는 쪽으로 핸들을 돌려 일직선을 유지하는 것이다. 커브를 돌 때도 핸들을 반대 방향으로 살짝 틀면 된다. 드라이스도 그 사실을 간파했다. "방향을 바꾸고 싶으면 그 직전에 무게중심을 살짝 안쪽으로 향하다가 곧바로 그쪽으로 핸들을 돌린다."

또 몸을 안쪽으로 굽히면 팔이 앞바퀴를 바깥쪽으로 살

짝 미는 효과를 낼 수도 있다.

최신 유행이 된 드라이지네

최초의 광고에서 드라이스는 달리는 기계를 "배달과 여행에 매우 유익하게 사용할 수 있다"고 선전했지만, 아래의 신문 기사에서는 드라이지네의 특징을 매우 현실적으로 평가했다.

내 기계는 마차처럼 안에 들어가서 잠을 잘 수 있는 편리함은 갖추지 못했다. 기계를 움직이기 위해 들여야 하는 노력이 걷는 것이나 말을 타는 것 못지않기 때문이다. 보통 네 시간이 걸리는 일반 국도(13킬로미터)와 두 시간이 걸리는 산악 지역(6킬로미터)을 한 시간 안에 주파하자면 일정 정도의 기술과 힘이 필요하다. 또 진창이나 눈길에서도 걷는 것에 비해 크게 힘을 절약해주지 못한다.

그럼에도 사료가 부족해서 말이 떼죽음을 당하는 현실에서 그의 발명품은 대단한 센세이션을 일으켰다. 적어도 전문가들이 보기에는 그랬다. 따라서 앞서 소개한 기술자 바우어는 드라이지네에 대해 이렇게 평했다.

기계공학 분야에서 가장 중요한 발명 중 하나는 드라이스의 달리는 기계(두 바퀴)이며 거의 절반의 독일인이 이 순간 그것의 사용 가능성과 불가능성을 두고 골머리를 앓고 있다.

바덴 공국 마르크그라프의 후계자로 지명된 레오폴트 Leopold는 드라이스에게 다음과 같은 편지를 보냈다. "과학과 산업에 뛰어난 재능을 보인 그대가 이번에도 유용하고 천재적인 발명을 이 세상에 선사하였구려."

과학협회 두 곳이 드라이스를 회원으로 받아들였다. 돈 많은 귀족들이 가장 먼저 이 신제품에 눈독을 들였다. 괴테의 주군이었던 작센-바이마르의 카를 아우구스트 Karl August 대공도 그중 하나였다. 대공은 드라이지네를 아들의 결혼 선물로 주었다. 귀족들의 뒤를 이어 중산층도 드라이스의 기계에 관심을 보이기 시작했다. 메클렌부르크의 군수, 뒤셀도르프의 역참장, 슈트라우빙의 변호사가 대표적인 인물이다.

마지막으로 대학생들이 큰 관심을 보였다. 당시의 동판화를 보면 대학생들은 학생모를 쓰고 있어 금방 구분할 수 있다. 그중 한 사람인 슬로바키아 출신의 얀 콜라르 Jan Kollar는 예나에서 대학을 다니면서 일요일마다 드라이지네를 타고 6킬로미터 떨어진 로베다의 목사관까지 달려가서 설교 수업을 들었다. 물론 그보다 더 중요한 목적은 목사의 딸을 만나려는 것이었지만(그는 훗날 그녀와 결혼을 했고 유명한 시인이자

학자가 되어 슬로바키아 언어를 지키기 위해 노력했다). 괴테 역시 '낙원'에서 모여 노는 대학생들에게 관심을 보인 바 있다. 여기서 말한 대학생들의 낙원이란 예나 잘레우퍼의 가로수길이었다. 추운 1월에도 대학생들은 그곳에 모여 달리는 기계를 탔다. 아마도 당시 도심에서는 자전거를 탈 수 없도록 금지 조치가 내려졌던 것 같다.

독일어권에서 자전거와 관련된 경험담이 많이 나오지는 않았지만, 1816년의 대기근이 지나간 후에 발표된 몇몇 신문기사를 통해 우리는 당시의 상황을 짐작할 수 있다. 베를린과 빈의 연극 무대에도 이제 드라이지네가 등장했다. 한때는 스케이트를 모방한 롤러 스케이터가 연극 무대를 휩쓸었는데, 그 자리를 드라이지네가 대신하게 된 것이다. 드라이지네가 무대에 더 적합했기 때문은 아니었다. 그저 그것이 최신 상품이었기 때문이다. 드레스덴에서는 기술공 베르톨디가 라이프치히까지 88킬로미터를 일곱 시간 만에 주파했다는 기사가 실렸다. 《드레스데너 안차이거^{Dresdener Anzeiger}》는 신이 나서 이런 기사를 실었다.

장만하기도, 기르기도 돈이 많이 드는 말을 드라이지네 덕에 없앨 수 있기 때문에 앞으로는 귀리 가격이 떨어질 것이라는 기대가 있으며 …… 말 때문에 일어날 수 있는 각종 위험과 사고를 피할 수 있을 것이므로 앞으로는 여성들도 이런 방식의 빠른 이동을 이용하게 될 것이다. 다만 아마조네스가 된 여성들이 그에 맞게 의상을 잘 차려입어야 할 것이지만, 여성들의 탁월한 발명 재능으로 미루어볼 때 그리 어려운 일은 아닐 것이다.

당시만 해도 여성들은 말을 탈 때 예의범절을 지키기 위해 양다리를 한쪽으로 모았던 터라 여성이 드라이지네에 걸터앉을 것이라고는 상상도 할 수 없었지만, 그래도 해방과 패션 변화의 기미가 엿보이기 시작했다. 물론 당시는 여성들이 스케이트조차 탈 수 없었던 시절이므로 이런 생각은 유토피아적이었다. 작가 카를 아우구스트 엥겔하르트Karl August Engelhardt 역시 같은 생각이었다. 그는 리처드 루스라는 가명으로 《안차이거》와 경쟁하던 잡지 《아벤트 차이퉁Abend-Zeitung》 에다 몇 차례에 걸쳐 〈크래빈켈시 서기의 서신〉이라는 제목의 글을 발표했다. 조롱기가 가득했지만 그의 글은 드라이지네가 몰고 올 결과를 놀라울 정도로 정확하게 예상했다.

비용이 적게 들고 역사가 긴 도심의 포석 도로는 최신 유행의 비싼 포장도로에 자리를 물려줄 것이다. 드라이지네를 탈 수 있는 도로가 닦일 때까지는 산책객들이 안심하지 못할 것이기 때문이다. 하지만 정작 그렇게 되고 나면 하인들이 전부 드라이지네를 타고 일을 보러 다닐 것이고, 머지않아 관청에 드라이지네를 보관하는 거대한 헛간이 지어질 것이다. 어쩌면 드라이지네를 지키는 사람도 고용해야 할지 모르겠다. 그런 탈것은 누구든 금방 타고 가버릴 수가 있으니까 말이다.

도난 위험에 대한 이 같은 우려는 다시금 파산자와 채무자의 도주 가능성에 대한 걱정으로 이어진다.

따라서 말의 숫자가 줄어들 것이고, 여관 주인, 삯마차 주인, 우편배달부, 우체국과 각 가정의 하인들이 무더기로 일자리를 잃을 것이며, 그로 인해 국가는 큰 부담을 떠안게 될 것이다.

마지막으로 그는 남성의 원초적 두려움도 잊지 않고 거론한다. 아내가 혼자서 마음대로 장을 볼 수 있을 것이고, 그보다 더 나쁜 짓을 하러 밖으로 나돌아 다닐 수 있을 거라고 말이다.

빌어먹을 드라이지네가 가정과 아내의 의무를 등한시하고, 그보다 더한 짓도 저지를 수 있는 기회를 제공할 것이다. 앞으로는 남편이 일에 빠져 정신없이 아내를 불러도 돌아오는 답은 아내가 몇 시간 동안 수도나 라이프치히로 나갔다는 내용뿐일 것이다. 그 몇 시간 동안 예의범절을 어기고 돈을 가져다 버리는 온갖 일들이 일어날 수 있다. 주부들에게 얼마만큼 어마어마한 여지가 생길지, 나는 도무지 상상조차 할 수 없다.

그러나 시 서기는 드라이지네가 결국에는 남자들에게 이득이 될 것이라며 자신을 다독인다.

하지만 여성들이 그것을 절대 용납하지 않을 것이다. 한쪽은 먹고사느라 정신없이 바쁜데, 다른 한쪽은 꼼지락거리며 기어 다닌다면 집안의 균형이 어떻게 되겠는가? 아내는 바위에 붙은 굴처럼 가정 경제에 신경을 써야 하는데 남편이 드라이지네를 타고 뱀장어처럼 아내의 검열과 통제를 빠져나간다면 어떻게 되겠는가? 많은 거친 여자들이 아마존 복장을 하고서 그런 안장에 앉아 돌아다닐 테지만, 고귀한 숙녀와 아가씨들은 절대로 그러지 않을 것이다.

시 서기가 가장 안도한 사실은 드라이지네가 "결코 일반화될 수 없다"는 생각이었다. 그의 생각은 실제로 옳았다. 인간, 기계, 도로 중 가장 불충분한 요인인 인간이 바닥과 접촉하지 않고 두 바퀴로 달릴 수 있기까지는 무려 50년이 걸렸기 때문이다. 요즘에는 대부분 어릴 때 자전거를 배우지만, 사실 요즘 사람들도 어른이 되어서 배우려면 쉽지 않다. 드라이스 스스로도 훗날 이런 글을 쓴 바 있다.

이 기계와 관련해 곳곳에서 나의 업적을 언급하지만 발명 그 자체보다는 나의 개인적인 민첩함을 칭찬하는 글이 더 많다. 사람들은 기계 조작을 실제보다 훨씬 어렵게 생각한다. 그래서 "당신처럼 잘 타면 정말 유익하겠어요"라고 하면서도 정작 그 위에 앉아볼 용기는 내지 못한다. 하지만 벌써 여러 사람이 네 번의 수업만으로도 타는 기술을 익혔다.

빈의 공장 안톤 부르크 운트 존은 이런 이유로 1818년 초에 자전거 학교를 열었다. 10굴덴을 내면 열 시간 동안 균형 잡기와 타기 기술을 배울 수 있었다. 그런 자전거 학교는 이듬해 영국과 미국에서도 선을 보였다.

슈투트가르트의 코타 출판사에서 나온 요한 고트프리트 딩글러Johann Gottfried Dingler의 《폴리테크 저널Polytechnisches Journal》을 번역한 사람 – 아마도 딩글러 자신이었을 것이다 – 은 드라이지네의 단점을 이렇게 설명했다.

첫 번째 위험은 넘어질 수 있다는 것이다. 나도 주변에서 많이 봐서 잘 안다. 팔과 다리는 물론이고 갈비뼈를 다친 사람도 많고, 이런 부상의 결과로 몇몇은 목숨을 잃기도 했으니…… 두 번째 위험은 가슴이, 더 정확히 말하면 가슴 안쪽에 있는 폐가 매우 위험하다. 계속해서 힘들여 사용할 경우 폐를 다쳐 질환을 앓게 된다. 그래서 나의 여러 지인은 의사의 권유로 드라이지네의 사용을 포기했다.

세계로 뻗어나가는 드라이지네

위험에 관해서라면 영국에서 더 많은 소식이 전해졌다. 마차를 만드는 기술공 데니스 존슨Denis Johnson은 달리는 기계를 살짝 개량한 후 비싼 돈을 들여 특허를 받아냈고, 그것으로 320대가 넘는 기계를 제작했다.

18년 또는 20년 전에는 한창 인기가 높아서 내 주변에서도 다양한 연령대와 몸무게의 신사들이 벨로시페드를 타고 바트시의 언덕을 올랐다. 저녁 식사 전까지 12~14마일(19~22킬로미터)의 구간을 달린 사람들도 많았다. 몇몇 사람들은 시속 6~7마일(10~11킬로미터)로 달릴 수 있다고 자랑했다. 낡은 벨로시페드를 타고 하루에 30~40마일(50~70킬로미터)을 달리는 것이 평범한 일은 아니었다. 하지만 치명적인 사고는 없었다. 팔도 다리도 부러지지 않았고 외과의사가 필요하지도 않았다. 실제로 나는 한 번도 식초와 갈색 종이로는 치료할 수 없을 정도로 큰 사고를 당했다는 소식은 들은 적이 없다.

하지만 반창고가 만병통치약은 아니었다. 데니스 스스로도 특정 시기에는 이 기계를 잘못 사용해서 런던 세인트 조지 병원에서 치료를 받는 환자들이 많았다고 말했다.

(내리막길에서) 일정 속도에 도달하면 핸들을 좌우로 돌리거나 넘어지지 않고 발만 땅에 대어 속력을 줄이기가 극도로 어려워졌다. 이렇게 최고 속력에서 기계를 조작하고 멈추기가 힘들기 때문에 사고가 많이 일어났다.

그렇다면 마차 제작공 존슨은 왜 드라이스의 혁신적인 답면 제동 장치(드라이지네에는 끝으로 잡아당기는 브레이크가 있었다)를 부착하지 않았을까? 드라이스가 제작한 자전거 동판화에는 그 장치가 운전자의 발에 가려 보이지 않았기 때문이다. 그래서 영국에서 제작된 벨로시페드에는 모두 브레이크가 없었다.

데니스 존슨은 1819년에 '퍼데스티리언 커리클pedestrian curricle'(보행자용 마차)을 개발해 특허를 받았다. 하지만 프랑스에서 넘어온 '벨로시페드'라는 이름으로 더 많이 불렸고, 일상생활에서는 주요 이용자에 따라 '저먼 호스German horse', '호비 호스hobby horse', '댄디 호스dandy horse'라고 불렸다. 당시 영국의 특허권은 외국의 아이디어라도 자국에서 개량을 하면 그 권리를 보호해주었다. 존슨은 차체 일부를 목재 대신 철제로 바꾸어 더 날씬한 모습으로 개량했지만, 독일이나 프랑스 원본보다 무게가 더 무거워졌다. 특히 조향장치를 간소화함으로써 앞바퀴가 움직이지 않았고 드라이스가 장착했던 브레이크를 빠뜨렸기 때문에 치명적인 결과를 초래했다. 그러나 존슨은 비싼 돈을 들여 얻은 특허권 덕분에 이 자전거를 수백 대나 제작해 판매할 수 있었다.

존슨과 그의 아들은 다른 도시에서도 시연했다. 또한 런던에 자전거 학교를 열기도 했다. 특허권이 있었지만 영국에서는 존슨 말고도 두 곳의 작업장에서 조금 더 싼 가격에 자전거를 제작했기 때문에 영국 전역에서 1,000대 이상의 자전거가 판매되었다. 원조의 나라 독일을 비롯해 미국, 네덜란드, 벨기에, 이탈리아, 스위스, 오스트리아 헝가리 제국에서최소 같은 수량의 자전거가 제작되었다고 가정한다면, 당시이미 전 세계적으로 5,000대가 넘는 자전거가 굴러다녔다는결론이 나온다.

댄디의 필수 아이템이 되다

이 참신한 제품은 앞서 언급했듯이 동시대의 패션 유행인 댄디즘dandyism에 큰 영향을 미쳤다(댄디즘은 세련된 복장과몸가짐으로 일반 사람에 대한 정신적 우월을 은연중에 과시하는 태도를 말한다. 19세기 초 영국 런던 사교계를 주름잡은 조지 브럼멜George Brummell이 댄디즘의 시조라고 하며, 당시 그의 스타일은 사교계 청년들사이에서 널리 유행했다. - 옮긴이). 댄디들이 자전거의 가장 큰이용자 집단이 되었기 때문이다.

댄디 호스

카를 드라이스가 1819년에 그린 드라이지네를 타고 있는 댄디. 이들 은 세련된 복장과 몸가짐으로 일반 사람들에 대한 우월감을 은연중에 과시하는 태도를 보였다. 그들은 언제 어디서나 눈에 띄었는데 그런 사람들이 최신 발명품 드라이지네를 그냥 지나칠 리 없었다.

벨로시페드를 타고 있는 댄디

19세기 풍자 만화가들은 댄디들에게 상당히 공격적이었다. 이 그림에서도 최신 유행의 옷을 차려 입은 인물을 불편하고 우스꽝스러운 모습으로 과장되게 표현함으로써 부정적인 느낌을 전달하고 있다.

댄디는 어느 곳에 있어도 금방 표시가 났다. 세련되고 우아한 패션, 시니컬한 말투, 잘난 척하는 표정, 이기적이고 거만하며 나태한 행동거지가 특징이었다. 옷차림을 살펴보면, 흰 바지, 연미복과 흡사한 재킷, 레이스가 많이 달린 칼라도 눈에 띄었지만 특히 스카프가 도드라졌다. 또 많은 댄디들은 개미허리를 위해 코르셋을 착용해 모래시계처럼 허리를 꽉 조이기도 했다. 그래서 당시의 캐리커처 작가들은 그들을 조롱하기 위해 스카프를 두른 목을 혹처럼 과장해서 그렸다.

또한 그들의 거들먹거리는 걸음걸이 때문에 사람들은 열대 전염병 뎅기열Dengue-Fieber을 댄디열Dandy-Fieber이라고 부르며 조롱하기도 했다. 뎅기열에 걸리면 걸음을 제대로 걷지 못해서 비틀거리게 되는데 그 모습이 꼭 댄디들의 꾸민 듯한 걸음걸이와 비슷하다는 뜻이었다. 문학계에서는 조지 브럼멜과 오스카 와일드Oscar Wilde가 지나칠 정도의 패션과 맵시로 귀족주의를 지키려 한 댄디즘의 대표로 손꼽힌다. 경제적 여건이 허락하는 사람들은 이런 유행을 뒤쫓았다.

흉작과 기근이 끝난 지도 벌써 2년이 지났다. 더구나 영국은 기근이 그리 심하지 않아 자전거를 발명하게 만들었던 그 고통의 시간은 이미 사람들의 뇌리에서 사라진 지 오래였다. 유럽 대륙과 마찬가지로 런던에서도 벨로시페드는 인도 위를 달렸다. 차도가 울퉁불퉁 파인 곳이 많은 데다 너무

더러워서 도저히 균형을 잡을 수가 없었기 때문이다. 당연히 넘어지는 일이 허다했다. 그러다 보니 초창기만 해도 정보 제공에 더 공을 들였던 동판화들이 점점 자전거를 탄 댄디들의 캐리커처에 열을 올리게 되었다. (이른바 한 장 잡지라는) 그런 채색 팸플릿이 런던에서는 큰 정치적 영향력을 행사했고 또 돈이 되기도 했다.

지금까지 남아 있는 100편이 넘는 그런 캐리커처들 대부분은 풍자 만화가인 로버트 크룩섕크Robert Cruikshank의 작품이었다. 그는 악명 높은 조지 크룩섕크George Cruikshank의 동생이었는데, 형 조지는 너무나 유명한 캐리커처 작가여서 조지 4세가 제발 자신의 캐리커처를 그리지 말아달라고 100파운드 스털링을 주었을 정도였다. 그런데 캐리커처 작가들은 왜 그렇게 댄디들에게 공격적이었을까? 아마도 50년 후에《두 발자전거와 세발자전거Bicycles and Tricycles》를 지은 크랭크 자전거의 선구자가 그 답을 들려줄 수 있을지도 모르겠다. 그 책을 보면 로버트 크룩섕크는 출판사 대표 제임스 사이드보텀James Sidebotham과 함께 1819년 초 겨울에 댄디 차림으로 벨로시페드를 탔다고 한다.

제법 긴 구간을 아무 일 없이 잘 달렸다. 하지만 시속 10마일(16킬로미터)에 가까운 최고 속도로 하이게이트 힐을 내려가던 중 두 사람이 충돌하고 말았다. 그 즉시 둘은 각기 반대쪽 길가로 날아가서 땅에 곤두박질쳤다. 기계는 완전히 부서졌고 두 사람 역시 크게 다쳤다. 그나마 조금 부상이 덜했던 친구가 미스터 크룩섕크를 아치웨이 테번으로 데려갔고 거기서 위버의 마차에 실어 런던으로 이송했다. 이 불행한 사고는 실제로 벨로시페드의 인기가 추락하게 된 주요 원인이 되었다. 두 신사는 그 후로 벨로시페드를 타는 대신 자전거 스포츠를 풍자하기 시작했고, 크룩섕크의 상상력은 뾰쪽한 펜으로 수많은 캐리커처를 그려냈다. 대부분 최신 유행하는 옷을 입고 뭔가 불편하면서도 우스꽝스러운 모습으로 전설적인 댄디 호스에 앉아 있는, 왠지 불쌍해 보이는 사람들을 그린 작품들이었다.

이 책에 사이드보텀의 미망인 이야기도 나오는데 그것으로 봐서는 사이드보텀이 사고 후유증으로 사망했을 것이라는 추정도 가능하다. 친구도, 출판사 대표도 잃었으니, 크룩섕크가 완전히 돌변한 것도 놀랄 일은 아닐 것 같다. 미망인은 출판사를 옮긴 후 쇼윈도에 그 캐리커처들을 걸어두었는데, 그것을 본 행인들이 어찌나 웃어댔는지 벨로시페드를 타고 밖으로 나가는 것이 더 이상 바람직하지 않아 보였다. 시민들은 도로를 달리는 벨로시페드 운전자와 쇼윈도에 걸린 캐리커처 주인공이 너무도 닮아서 크게 웃어댔던 것이다.

달리는 기계의 종말

조롱과 비난이 과해지자 자중을 호소하는 목소리도 등장했다. "존슨이 만든 호비 호스를 댄디즘을 향한 증오와 모욕으로부터 지켜내야 할 것이다." 하지만 때는 이미 늦었다. 벨로시페드 라이더들이 인도를 달리면서 행인들을 위협하는 바람에 곳곳에서 불평이 터져 나왔다. 수학자 토머스 데이비스는 훗날 당시를 돌아보며 이렇게 회상했다.

벨로시페드가 달려서는 안 되는 인도를 달릴 때면, 그것이 아이들에게 달려들거나 아이들이 그것에게로 달려가는 통에 부잣집 하녀들이 신경을 곤두세웠다. 벨로시페드가 차도를 따라 달릴 때면 겁 많은 말들이 깜짝 놀랐다. 어린 말들은 안 그래도 워낙 겁이 많아서 자기 그림자만 보고도 깜짝깜짝 놀라는데 말이다. (……) 생각 없는 벨로시페드 라이더가 조심성 없이 뚱뚱한 사람들을 치고 갔다. 그래서 뚱뚱한 사람들과 할머니들이 벨로시페드가 인도를 너무 많이 차지한다고 투덜댔다. 특히 인도의 폭이 좁은 곳에서는 더더욱 불평이 심했다.

당국이 인도 사용에 관한 법을 근거로 벨로시페드를 단속하기 시작했다. 벨로시페드를 타다가 적발되면 2파운드의 벌금을 물었다. 벨로시페드 한 대 가격의 4분의 1에 해당하는 액수였다. 벨로시페드 이용자들은 이를 두고 벨로시페드 진압 작전이라고 불렀다.

뚱뚱한 남자들의 지원을 받은 경찰, 야경꾼, 할머니, 당국, 구경꾼, 왕실 장관, 말 등이 합심해서 벨로시페드 진압에 나섰다. 그런 빈틈없는 밀집 전투 대형에 대항할 자가 누구겠는가? 기관차라 해도 그렇게 똘똘 뭉친 거대한 동맹군을 뚫고 지날 수는 없었을 것이다.

만하임에서는 이미 1817년 12월에 인도에서 벨로시페드를 타지 못하게 막는 금지 조치가 시행되었다. 달리는 기계가 보급되면서 밀라노(1818년)에서도 같은 조치가 내려졌고, 런던에 이어 필라델피아와 뉴욕(1819년)은 물론이고 인도의 콜카타(1820년)에서도 금지 조치가 내려졌다. 프랑스는 예외여서 이 시기에는 금지 조치가 시행되지 않았다. 따라서 흔히 알려진 것과 달리 달리는 기계의 몰락은 기술적 결함 때문이 아니라 이런 금지 조치 때문이었다. 금지된 것이 인기를 끌 수는 없는 법이니까 말이다.

당시 당국의 금지 조치를 비난한 대표적인 인물이 세계 최초로 동물보호협회를 공동설립한 발명가 루이스 곰퍼츠 Lewis Gompertz였다. 다이아몬드 상인인 유대인 아버지 밑에서 태어난 곰퍼츠는 여성과 유색인, 억압받는 자들의 권리를 위해 투쟁했고 말이 불쌍해 마차를 타지 않았다. 그는 핸들을 앞뒤로 움직여 앞바퀴에 동력을 전달하는 벨로시페드를 발명한 것으로도 알려져 있다. 해당 기계에 관한 그의 설명이 1821년 딩글러의 《폴리테크 저널》에 번역되어 실렸는데, 여기서 그는 세계 최초로 '차도에 자전거 전용 도로를 설치하라'고 요구했다.

드라이지네가 인기를 잃은 것은 인도에서 사용하지 못하게 한 금지 조치 때문이다. 여기저기에서 그런 금지 조치가 꼭 필요하다면 차도를 3~4피트 잘라 드라이지네 전용 도로를 만들어서 항상 좋은 상태를 유지해주어야 할 것이다. 드라이지네를 이용하는 사람들이 마차나 말과 부딪혀 다치거나 진창에 무릎이 빠지는 일이 없어야 할 것이다.

곰퍼츠는 드라이지네의 앞날을 장밋빛으로 그리며 글을 마쳤는데, 그의 예언은 70년 후에 현실이 되었다.

이 기계를 도입해서 완성해야만 인간은 가장 느린 동물에서 가장 빠른 동물이 될 수 있다. 몇몇 게으름뱅이들(댄디들)과 캐리커처 장사꾼들(특히 제임스 사이드보텀)이 드라이지네를 우습게 보지만, 앞으로 드라이지네가 이 세상에 선사할 온갖 장점의 빛 앞에서 그들의 조롱은 이내 자취를 감추고 말 것이다.

그러나 그 빛이 세상을 비추기 전, 또 한번 운명은 드라이지네의 발명가에게 혹독한 시련을 안겨준다. 예나 대학생 카를 잔트Karl Sand가 1819년 3월 23일 만하임에서 반동적인 극작가이자 조국의 배신자 아우구스트 폰 코체부August von Kotzebue를 암살했다. 잔트는 체포되어 사형선고를 받았는데, 상급법원 법원장 빌헬름 폰 드라이스Wilhelm von Drais가 사면 신청을 기각했다. 그는 바로 달리는 기계를 발명한 드라이스의 아버지였다.

잔트가 1820년에 처형되자 그의 추종자들은 아버지에게 하지 못한 복수를 아들에게 대신 퍼부었고, 결국 드라이스는 6년 동안 브라질로 유배를 떠났다. 지치지 않고 자신의 발명품을 홍보하던 그였지만, 더 이상의 홍보 활동이 불가능했다. 게다가 잔트의 추종자들과 대학생들이 그의 발명품을 외면하기 시작했다. 드라이스는 죽는 날까지 이 보복에서 벗어나지 못했다. 노년에도 잔트 추종자였던 작가 카를 구츠코Karl Gutzkow가 에드워드 불워Edward Bulwer라는 가명으로 드라이스를 맹비난해 사회적으로 완전히 매장을 시켜버렸다.

Chapter 2.

페달을 달고
붐을
일으키다

"이제 땅을 구르는 대신 편하게 페달을 돌리세요."

바퀴를 추가해 균형 공포를 극복하다

두 바퀴 자전거가 50년 동안 전혀 발전하지 못한 것은 앞서 말한 것처럼 전 세계적으로 금지 조치가 내려진 데 원인이 있기는 하지만, 그 외에 또 다른 여러 가지 원인이 있었다. 기술공들이 사람들의 공포심을 고려해서 안전한 세 발, 네 발 자전거를 대안으로 내놓았기 때문이다. 이 같은 자전거들 역시 벨로시페드라고 불리긴 했지만, 두 발 벨로시페드에 비해 타이어의 구름 저항이 컸다. 또 신문사 편집부 부원들이(대부분 처형된 대학생 잔트의 추종자들이었을 것이다) 증오하는 상급 법원 판사의 아들이 만든 달리는 기계를 홍보해주려고 하지 않았다. 엎친 데 덮친 격으로 1825년 증기기관차가 최초로 사람을 태우고 영국 스탁턴에서 달링턴까지 달렸다. 사람들의 관심이 철도로 쏠리면서 드라이지네는 까마득히 눈 밖으로 밀려나고 말았다.

인도에서 자전거를 타지 못하게 금지하자 기계공들은 상대적으로 안전하게 도로를 달릴 수 있는 세 바퀴 혹은 네 바퀴 자전거 개량에 공을 들였다. 물론 금지 조치가 있기 전에도 그런 시도는 있었다. 런던의 핸콕 앤드 컴퍼니Hancock & Company가 '필렌툼Pilentum'(라틴어로 마차라는 뜻이다)이라는 이름의 페달이 붙은 세 바퀴 자전거를 제작했다. 우아한 옷을 입은 숙녀가 그 자전거에 앉아 있는 동판화가 전하기는 하지만, 그것이 실제로 일정 구간을 주행할 수 있었다고는 믿을 수 없다.

그 다음으로 런던의 마차 제작공 찰스 버치Charles Birch가 수동 지레로 움직이는 여러 종의 세 바퀴 자전거를 개발했다. 최고 세 명까지 탑승할 수 있었기 때문에 각기 '마니벨로시터Manivelociter', '바이벡터Bivector', '트리벡터Trivector'라고 불렀다. 바퀴 직경이 150센티미터로 컸기 때문에 진창의 차도에서도 잘 굴러갔다. 트리벡터는 런던에서 브라이턴 해변까지 107킬로미터를 일곱 시간 만에 주파한 적도 있었다. 세 사람이 탈 수 있다는 장점은 있었지만 평균 시속이 15킬로미

터로, 드라이스가 혼자서 달리는 기계를 타고 첫 시승에 나
섰을 때보다 속도가 더 빠르지는 않았다. 드라이스가 지치지
않고 강조했다시피 인간은 손의 힘이 발 힘의 3분의 1밖에
안 되기 때문에, 그런 면에서 본다면 손으로 움직이는 자전
거는 절대 효율적일 수가 없었다.

희망의 서광은 윌러드 소여Willard Sawyer라는 이름의 목수
가 만든 자전거에서 뿜어져 나왔다. 그는 1830년부터 도버
에서 금속으로 1인용 네 바퀴 벨로시페드를 연속해서 만들
었다. 제품에 따라 손을 쓰거나 발을 쓰거나 둘 다 쓸 수 있
었다. 세 종의 카탈로그가 남아 있는데, 그것을 읽어보면 그
는 서양의 귀족이란 귀족은 다 찾아 다녔던 것 같다. 그중에
는 프랑스 황태자와 하노버의 황태자도 있었는데, 당시 그
둘은 청년이었다. 훗날 1851년의 런던 대박람회에 참가했던
독일 대표단은 그의 네 바퀴 벨로시페드에 대해 다음과 같
은 보고서를 남겼다.

> 네 바퀴 벨로시페드는 운전자가 발이나 손으로 움직이는 일종
> 의 드라이지네였다. 발로 움직일 때는 벨로시페드 아래쪽에 달
> 려 있는 두 개의 연결봉을 밟았고, 손으로 움직일 때는 안장 위
> 로 솟아 있는 레버를 이용해 봉을 앞뒤로 밀었다 당겼다 했다.

철제 기계는 보기에는 좋았지만 무겁고 가격이 비쌌다.

윌러드 소여와 네 바퀴 벨로시페드

아마도 가장 오래된 벨로시페드 사진일 것이다(1851년 추정). 목
수였던 윌러드 소여는 금속으로 네 바퀴 벨로시페드를 만들었는데,
철제 기계는 보기에 좋고 튼튼했지만, 무겁고 가격이 비쌌다.

그래서 소여의 본업도 해변 해수욕객들을 상대로 한 자전거 대여였다. 하지만 얼마 가지 못하고 당국이 훼방을 놓아 그는 이웃 마을로 이사를 갈 수밖에 없었다. 특히 북쪽 지방에서 많은 기술공들이 자체적으로 자전거를 제작했다. 이들은 이미 겨울 대비용으로 경질 고무 타이어를 사용했다.

더 이상 영국 기술자들은 두 바퀴 자전거를 타고 중심을 잡는 문제에 관심을 기울이지 않았다. 고향으로 돌아온 드라이스가 1832년 영국 여행 중에 홍보차 다시 한번 달리는 기계를 제작해 《기술 잡지Mechanic's Magazine》 편집부 앞에서 시연했지만 별 소용이 없었다(하지만 바퀴가 여러 개인 벨로시페드는 영국만의 특수성이었을 뿐 미국에서는 틈새시장 제품에 불과했다).

2년 후 독일 카를스루에의 장난감 상인 되링의 가게에서 어린이용 달리는 기계를 팔기 시작했고, 대공의 자녀들도 그것을 타고 놀았다. 어린이용 탈것의 역사에서는 이런 일이 드물지 않다. 원래는 성인용이던 아이디어 상품이 각광을 받지 못하면서 어린이용 장난감으로 변형되는 것이다. 소여의 수동 구동 벨로시페드 역시 나중에 어린이가 타는 장난감으로 애용되었다.

'최초의 자전거' 명예 쟁탈전

두 바퀴 자전거 앞바퀴에 페달 크랭크를 장착하자는 아이디어는 어떻게 나온 것일까? 이는 지금도 자전거 역사를 기술할 때 뜨거운 논쟁거리가 되는 질문이며, 국제 사이클링 역사 회의가 앞으로도 오래도록 골몰할 문제다. 부족한 자료만이 원인은 아니다. 당시는 물론이고 그 이후에도 관계자들의 증언이 정직하지 못했던 탓도 있다. 예를 들어 당시 신제품 광고에서는 대부분 특허를 받았다고 우겼지만, 구매자 입장에서는 그 말이 사실인지 확인할 수 없었다. 거짓 주장을 해도 법적 제재를 받지 않았다.

누가 먼저냐를 두고 뜨거운 논쟁이 벌어지는 또 다른 이유는 역사적인 발명이 완벽하게 새로운 것인 경우가 극히 드물기 때문이다. 자전거도 페달 크랭크 자체는 전에 없던 새로운 발명품이 아니었다. 원래는 이집 저집을 돌며 칼과 가위를 갈아주던 사람들이 오래전부터 숫돌에 이어 붙여 사용하던 제품이었다. 그러니까 1865년에 등장한 자전거의 새로운 점은 페달 그 자체가 아니라 페달을 밟으면서 동시에 균형을 잡는다는 사실이었다. 그렇게 하여 발을 땅에 딛지 않고도 장시간 자전거를 탈 수 있었던 것이다.

누가 먼저냐를 두고 벌어졌던 대혼란은 1890년대로 돌아가서 당시 상황을 살펴보면 가장 이해가 빠를 것이다. 당시는 유럽 여러 나라들이 한창 경제전쟁 중이었고, 이는 결국 제1차 세계대전으로 비화되었다. 그 전에 프랑스는 1870~1871년의 보불 전쟁에서 독일에게 패함으로써 굴욕적인 배상금을 지불했고 통일을 이룩한 독일은 그 돈으로 화려한 건물들을 지었다. 1884년에 창설되어 그사이 세력을 키운 독일 라이더 협회가 드라이스의 고향 카를스루에에 그의 동상을 건립하기로 결정하고 모금을 시작한 시기도 그 무렵인 1893년이었다. 그 전에 그들은 드라이스의 뼈를 카를스루에 구 공동묘지에서 신 공동묘지로 이장했고 묘비도 세워주었다. 드라이스는 과거 바덴 혁명에 참가한 민주주의자였으므로 사실 따지고 보면 국가의 적이었지만, 애국심에 불탄 회원들은 그 정도 결함쯤은 눈감아주었다. 그래야 자전거 발명이 온전히 독일의 업적이라고 만방에 외칠 수 있을 테니까 말이다.

1890년에 이미 전국적으로 기념비 모금 활동이 시작되었다. 이 소식을 들은 프랑스 사람들의 기분이 좋을 리 없었을 것이다. 자전거는 프랑스가 낳은 자식이 아니던가? 저널리스트 루이 보드리Louis Baudry가 1891년 파리에서 펜을 치켜들었다. 그는 프랑스의 자전거 잡지들을 섭렵한 후 그곳에 실린 자료들을 엮어서 초고속으로 200쪽짜리 책을 발간했다. 제목이 《벨로시페드의 일반 역사Histoire générale de la Vélocipédie》로, 같은 해 벌써 4쇄를 찍었다. 책의 메시지는 뻔했다. 그동안의 문헌을 다 뒤져보니까 자전거는 프랑스의 발명품이며, 드라이스는 아이디어 도둑일 뿐이라는 것이었다.

보드리는 핸들이 없는 동물 형상의 두발자전거를 직접 그림으로 그렸는데, 1791년 콩테 드 시브락Comte de Sivrac이라는 남자가 타고 다녔던 것이라고 했다. 그러니까 그의 저서는 우연히도 프랑스에서 최초의 자전거가 탄생한 지 딱 100주년이 되는 해에 세상에 나온 셈이었다. 그 책의 논리대로라면 드라이스가 발명한 부분은 핸들 하나밖에 없었다. 하지만 곡예사가 막대를 들고 탄 것이 아닌 이상 핸들도 없는 뻣뻣한 두발자전거가 어떻게 몇 초 동안 균형을 잡을 수 있었다는 것인지 알다가도 모를 논리였다. 어쨌거나 덕분에 최초의 자전거 역사서가 세상에 나오기는 했다. 비록 애국심 때문에 진실이 살짝 가려지긴 했지만 말이다. 훗날 한 프랑스 역사가가 입증했듯 마르세유에 장 시브락이라는 사람이 살기는 했다. 하지만 그는 1817년에 '말을 위한 고속마차', 프랑스어로 셀레리페레Célérifère의 수입권을 가진 인물이었고, 그 마차는 당연히 바퀴가 네 개였다.

어쨌거나 카를스루에의 드라이스 기념비는 프랑스 자전거 단체들의 심기를 제대로 건드렸다. 그래서 그들은 서둘러 두 번째 발명의 기념비를 건립하겠다고 기금을 모았다. 이번에는 1865년에 나온 앞바퀴 크랭크로 구동하는 벨로시페드였다. 기념비 사업을 서두르느라 자료 조사에 공을 들일 여력이 없었으므로 그들은 피에르 미쇼Pierre Michaux를 영웅으로 점지했다. 미쇼는 아비뇽에서 화학공장을 운영하는 자산가의 아들들인 올리비에 3형제의 대리인으로, 초기에 파리에서 올리비에 형제의 자전거를 대신 제작했던 마차 기술자였다. 형제의 아버지인 쥘 올리비에Jules Oliver가 3형제의 위험한 사업이 자신의 명예를 실추시킬까 봐 걱정했기 때문에 형제들은 미쇼를 앞세웠다. 그래서 1894년 미쇼의 고향인 바르뒤크에서 성대한 제막식과 함께 기념비가 세워졌다.

그런데 사실은 미국으로 이민을 간 피에르 랄르망Pierre Lallement이라는 이름의 남자가 1866년부터 크랭크 벨로시페드의 특허권을 소유하고 있었다. 하지만 그의 성이 랄르망 L'allemand, 즉 '독일 사람'이라는 뜻으로 들렸기 때문에 프랑스 민족의 영웅으로 추앙할 수가 없었다.

엇갈리는 두 진술

이렇게 하여 우리는 다시 1865년의 자전거를 둘러싼 우선순위 논쟁으로 되돌아왔다. 하지만 사실 결정적인 논점은 따로 있다. 당시의 발명이 어떻게 진행되었는지를 아직 설명하지 않았으니까 말이다. 바르뒤크의 시장과 입을 맞춘 다음 그 과정을 밝힌 인물은 오래전에 사망한 피에르 미쇼의 막

내아들 앙리였다. 그의 말대로라면 추정되는 발명 시점에 앙리는 아직 청소년이었다.

1861년 3월에 …… 뤼드베르누이에 사는 브루넬이라는 이름의 모자공이 벨로시페드를 아버지께 가져와서 앞바퀴를 수리해 달라고 맡겼다. 그날 저녁 당시 열아홉 살이던 형 에르네스트가 …… 몽테뉴 거리에서 그 기계를 한번 타보았다. 돌아온 형은 나도 있던 자리에서 아버지에게 이렇게 말했다. "균형은 잘 잡겠는데, 다리를 들고 있기도 피곤하고 땅을 구르기도 힘들어요." 그러자 아버지가 이렇게 말씀하셨다. "앞바퀴에 발판 두 개를 붙이면 땅을 차고 나서 균형을 잡을 때 발을 그 위에 놓아둘 수 있겠구나. 아니면 아예 크랭크축을 바퀴 중앙에 장착해서 숫돌처럼 돌리면 발이 아주 편할 것 같다." 형은 곧장 아버지의 아이디어를 실행에 옮겼다.

이것이 드라이지네에 페달 크랭크를 장착한 사연이라는 것이다. 하지만 이 이야기에는 두 가지 껄끄러운 부분이 있다. 첫째, 크랭크 벨로시페드를 처음 보도한 신문기사를 보면, 그것이 발명된 장소는 파리가 아니라 1866년의 프랑스 동부 부르앙브레스였다. 둘째, 최근에 올리비에 3형제 중 막내인 르네 올리비에René Olivier의 전혀 다른 진술이 발견되었다. 1869년부터 피에르 미쇼와 법정 공방을 벌였던 그가 변호사를 위해 아래 내용의 진술서를 작성했던 것이다.

> 오래전 한 노동자가 옛날식 벨로시페드에 크랭크를 장착했다고
> 자기소개를 했다. 그 일을 미쇼 씨의 아들이 알았는지는 모르겠
> 다. 어쨌든 분명한 것은 그가 앞바퀴에 크랭크가 달린 세 바퀴
> 자전거를 손에 넣었다는 사실이다. 그는 그것을 해체해서 두 바
> 퀴로 바꾸었다. 그러니까 그의 발명이란 크랭크가 달린 세 바퀴
> 자전거를 크랭크가 달린 두 바퀴 자전거로 바꾼 것, 그것뿐이다.

두 가지 발명 이야기가 서로 다른 내용을 담고 있으니,
아마도 이 중 하나만 맞을 것이다. 르네 올리비에의 두 번째
스토리는 5년 후 프랑스에서 나온 자전거 책에도 거의 똑같
이 실렸다. 어쩌면 앙리가 이 버전의 스토리를 전혀 모른 채
시장과 입을 맞추어 그럴싸해 보이는 이야기를 자기 마음대
로 지어냈을지도 모르겠다. 물론 르네 올리비에의 이야기에
대해서도 같은 의심을 해볼 수 있다. 신형 벨로시페드를 배
울 때 많은 사람들이 안전한 세 바퀴를 먼저 타본 다음 두
바퀴에 도전했기 때문에 세 바퀴를 두 바퀴로 바꾸는 발명
과정이 신빙성이 높아 보이기도 한다. 실제로 그렇게 개조가
가능한 자전거도 존재했으니까 말이다. 그게 아니면 파리에
는 정말로 크랭크가 달린 세발자전거가 예전부터 있었던 것
일까? 이와 관련해 당시에 유럽을 여행하다가 1866년에 파

리에 갔던 한 중국 대사의 기록이 남아 있다. 그는 중국으로 돌아간 후 유럽 여행담에 다음과 같은 기록을 남겼다.

거리에서 사람들이 바퀴가 딱 두 개 달린 차를 관으로 연결해서 타고 다녔다. 그 관의 위쪽에 앉아서 다리를 움직여 앞으로 박차며 나갔고 그렇게 차를 이동시켰다. 페달을 발로 밟아 움직이는 또 다른 형태의 자전거도 있었다. 속도가 어찌나 빠른지 달리는 말 같았다.

이 기록은 두 가지 지점에서 눈여겨볼 만하다. 첫째, 1860년대는 드라이지네가 오래전에 인기를 잃었던 시기다. 그런데 보아하니 파리에서는 그렇지 않았던 모양이다. 프랑스에서는 한 번도 금지 조치가 내려진 적이 없었을까? 아니면 자전거의 인기가 부활할 이유라도 있었던 것일까? 파리 시장 오스만이 도시 전체에 깔아버린 쇄석 도로(잘게 부순 돌을 타르에 섞어 바른 도로 – 옮긴이) 덕분이었을까? 둘째, 1866년에 이미 그런 페달 자전거를 거리에서 보았다는 사실은 주목할 만하지만, 그것이 두 바퀴였는지 세 바퀴였는지는 불확실하다. 앞으로 디지털화에 힘입어 신문 연구가 더욱 진행되어 1866년 이전에 자전거를 보도한 뉴스를 더 많이 찾을 수 있다면 좋겠다. 그 당시에 이미 크랭크를 단 세 바퀴 자전거가 다녔다면 르네 올리비에의 말이 맞을 것이고, 그렇지 않다면 앙리 미쇼의 진술이 더 신빙성 있을 것이다.

하지만 훗날 미국 자전거 산업의 아버지 앨버트 포프 Albert Pope가 제기한 미국 특허권 소송에서 랄르망은 이런 말을 했다. 자신이 처음 자전거를 만들어 시연할 때 구경하던 사람들이 예전에도 이런 것을 본 적이 있다고 주장했노라고 말이다. 그 즉시 미국 자전거 잡지들은 그를 사기꾼이라고 비난했다. 소송인이 너무 공격적으로 나오는 통에 랄르망이 주눅이 들어 그런 말을 했을지도 모르는 일이고, 또 그가 말한 구경꾼들이 당시 프랑스에 굴러다니던 페달 구동 어린이용 자전거를 보고 그런 말을 했을 수도 있다.

크랭크 장착 과정을 둘러싸고는 신빙성이 떨어지는 더 많은 이론이 존재한다. 그러나 어느 것 하나 명확히 밝혀진 것은 없었다. 지금으로부터 150년 전에 일어난 일인 데다 그 같은 기술사와 관련한 문제는 워낙 명확하지가 않다. 어쨌든 프랑스의 공식적 입장은 미쇼가 처음이라는 것이다. 그에 반해 미국인들은 이민자 랄르망의 손을 들어주었다. 그가 1866년의 미국 특허권을 갖고 있었기 때문이다.

쥘 올리비에의 세 아들은 파리 에콜 상트랄에서 기계 제작을 공부했다. 그리고 셋 중 둘째 에메 올리비에Aimé Olivier와 셋째 르네 올리비에가 벨로시페드에 큰 관심을 보였다. 르네 올리비에의 진술서를 믿는다면, 그들의 관심은 1864년 무렵에 시작되었을 것이다. 르네는 마차 제작사 사전트 앤드 매

이부Sargent & Maybou로부터 벨로시페드 한 대를 구입해 고향에 있는 아버지의 공장으로 보내 복제를 부탁했다. 이듬해 둘은 대학 친구 조르주 드 라 부글리스Georges de la Bouglise와 함께 며칠에 걸쳐 파리에서 아비뇽까지 (750킬로미터를) 벨로시페드를 타고 갔다. 하지만 1865년에 그들이 탔던 자전거는 세 바퀴였을까, 두 바퀴였을까? 크랭크가 부착되어 있었을까? 프랑스에서는 세 사람 모두 두 발 크랭크 자전거를 탔다고 추정한다. 하지만 지금껏 발견된 증거는 없다. 더구나 반세기 전에 크랭크가 없는 드라이지네를 타고도 800킬로미터에 가까운 먼 거리를 이동했다는 기록이 남아 있다.

그 후 올리비에 형제들은 크랭크 자전거를 생산하기로 결심하고 파리에서 적당한 공장을 찾았다. 그들이 택한 적임자는 당시로서는 새로운 제작 기술이던 가단주철을 이용하여 마구나 마차 장식을 제작하던 기술공 피에르 미쇼였다. 미쇼가 올리비에 형제들을 만나고 나서 벨로시페드를 제작하기 시작했는지, 아니면 그 전부터였는지는 확실하지 않다. 어쨌든 남아 있는 인쇄 카탈로그들은 1867년 말에 나온 것부터이다. 아마 지금은 르네 올리비에가 댔을 것이다. 미쇼는 그때까지 빚에 시달렸는데 올리비에가 그 빚을 청산해주었다. 그리고 조르주 드 라 부글리스는 제작에 필요한 공구를 설계했다. 바야흐로 대망의 출발이었다.

콤파니 파리지엔, 최초의 자전거 공장

파리는 유럽 대륙의 기술 중심지답게 자전거 기술에서도 선두 주자였다. 고객 수준도 독일과 달리 새롭게 기업의 문을 연 르네 올리비에 같은 운동을 즐기는 젊은 귀족들이 주축을 이루었다. 르네는 경마를 본뜬 벨로시페드 경주를 마케팅 수단으로 삼았다. 장거리 장애물 경마인 스티플체이스를 본뜬 경주도 일찍부터 선을 보였다. 1868년 보르도에서 처음 실시된 후 프랑스 전역으로 확산된 여성 경기는 엄청난 관객을 끌어모았다. 또 젊은 영국인 제임스 무어James Moore 가 0.5킬로미터의 코스를 2시간 35분 만에 주파하면서 인기 스타로 부상했다. 그러니까 시속 12킬로미터였던 셈이다. 넘어지는 사고도 잦았고 부상도 잦았다. 하지만 자전거 경주는 최신 모델을 선보일 수 있는 전시장이었고, 무엇보다 제작자의 능력을 과시하는 현장이었다. 《프티 모니퇴르 유니베르셀Petit Moniteur Universal》은 훗날 1868년을 '벨로시페드의 해'로 선정하기도 했다.

기대했던 대로 자전거에 대한 수요는 꾸준히 증가하였고 세계박람회가 열린 이후로는 외국에서도 주문이 밀려들었다. 파리와 남프랑스에서 크랭크 자전거를 생산하는 업체가 40곳이나 되었다. 그중 일부는 여전히 목재만 사용했다. 미쇼가 제때 주문 물량을 공급하지 못하자 올리비에와 미쇼

1869년 프랑스 벨로시페드 경주

벨로시페드 경주는 효과적인 마케팅 수단으로 활용되었다. 최신 자전거 모델을 사람들에게 선보이는 전시장이자 제작자들은 자신의 능력을 과시할 수 있는 자리였다.

사이에 알력이 생겼다. 1세대 뱀 모양 가단주철 프레임은 잘 부러졌고, 한번 부러지면 수리가 불가능했기에 고객들의 항의가 잦았다. 그 사이 르네와 형 에메는 마르세유에 사는 조선소 갑부 장 밥티스트 파스트레Jean-Baptiste Pastré의 두 딸과 결혼했고, 장인도 사위들의 사업에 자금을 댔다.

프레임을 핸들에서 뒷바퀴 축까지 곧은 사선 형으로 바꾼 후에는 파스트레의 조선소가 강철을 이용해 제작은 물론이고 수리까지 도맡았다. 철도 덕분에 이런 원거리 제작도 가능해졌다. 물론 조립은 여전히 파리에서 진행했고 속도를 높여 하루 열두 대씩 완성했다. 제작 속도는 날로 빨라져 주당 100대의 생산이 가능해졌다.

1869년, 드디어 회사는 구조 개편을 단행했다. 올리비에 3형제가 주주가 되면서 미쇼와의 협력 관계를 끝냈다. 미쇼가 가단주철을 계속 고집했고 또 돈을 횡령했다는 말도 있었지만, 올리비에의 개량 제품에 대한 특허권은 그들이 헤어지기 전에 이미 미쇼의 이름으로 발행되었다. 왜 이번 특허권도 대리인의 이름으로 냈는지, 그 이유는 알 수 없다. 어쨌든 대각선의 연철 프레임 외에도 제동력 강화를 위해 도르래 장치를 부착한 케이블 풀링 브레이크와 페달 조절을 위한 절개 크랭크암 등의 신기술이 2세대 크랭크 자전거로 흘러들어 갔고, 그 신제품은 '콩파니 파리지엔Compagnie Parisienne' 이라는 상표로 제작되었다. 형제는 서둘렀다. 신문에 광고를 내는 한편, '시간은 돈'이라는 문구를 내걸고 컬러 카탈로그를 찍었으며 포스터를 만들었다. 르네의 친구 장 밥티스트 고베르Jean-Baptiste Gobert를 새 사장으로 임명한 후, 회사는 승차감을 높이는 방향으로 혁신을 계속했다. 앞바퀴는 물론이고 핸들에도 스프링 장치를 개발했다. 기술의 정점은 역시나 산을 오를 때 핸들에 달린 작은 레버로 크랭크 길이가 길어지게 만든 기술이었다. 이런 옵션들이 승차감을 높인 것은 사실이지만, 가격 상승 효과를 가져왔다. 결국 콤파니 파리지엔은 격조 있는 고객들이 찾는 탑브랜드로 남게 되었다.

그러는 사이 1세대 크랭크 자전거의 중고품이 나오면서 직장인들도 자전거를 살 수 있게 되었다. 자전거 타는 법을 가르치는 팸플릿들은 모두가 그대로 따라하기만 하면 선생님 없이도 잘 배울 수 있다고 장담했다. 1869년 3월에는 작가 빅토르 위고의 개인비서 리샤 레스클리드Richard Lesclide가 최초의 자전거 잡지《르 벨로시페드 일뤼스트레Le Vélocipéde Illustré》를 발행했다. 유명 여배우 사라 베르나르Sarah Bernhardt가 자전거에 앉아 사진을 찍었고, 에밀 졸라의 소설《나나》의 모델로도 알려져 있는 여가수 블랑슈 당티니Blanche d'Antigny가 자전거를 타고 있는 모습을 그린 유화도 탄생했다.

두 바퀴와 세 바퀴 모두 특허 신청이 봇물을 이루었고, 이미 뒷바퀴 축에 체인을 단 체인 구동 모델도 등장했다. 훗날 비행기의 선구자가 된 클레망 아데르Clément Ader는 크랭크

최초의 자전거 잡지

1869년에 빅토르 위고의 비서였던 리샤 레스클리드가 최초의 자전거 잡지 《라 벨로시페드 일뤼스트레》를 발행했다.

벨로시페드에 장착하는 통 고무 타이어로 특허를 받았고, 덕분에 파리의 쇄석도로를 달리던 쇠바퀴의 덜거덕거리는 소리가 마침내 멈추었다. 제작자 쥘-피에르 쉬리레Jules-Pierre Suriray는 한 걸음 더 나아가 앞바퀴에 두 개의 볼 베어링을 장착했고, 이로써 훗날 이 부품이 승승장구할 수 있는 길을 열어주었다. 당장 파리에서 살던 영국 자전거 경주 스타 제임스 무어가 그 자전거를 타고 다음 경주에서 우승을 거두었다. 바퀴에 장착된 볼이 하중을 오래 견디지는 못했지만, 누가 봐도 장점이 컸다. 정밀 측정 기구 제작자인 루이 기욤 페로Louis Guillaume Perreaux는 작은 증기기관을 크랭크 벨로시페드에 장착해 초기 형태의 모터사이클을 선보였다. 10분만 가열하면 시속 14킬로미터의 속도를 낼 수 있었다.

어떻게 올라탈 것인가?

이처럼 신기술이 아무리 뛰어나도 2세대 크랭크 벨로시페드는 타는 법을 배우기가 무척 힘든 기계라는 문제점을 여전히 남겨놓았다. 1세대 벨로시페드는 안장이 낮아서 언제라도 발이 땅에 닿았는데, 2세대 벨로시페드는 그것이 불가능했다. 안장을 긴 판 스트링 위에 놓아서 바닥과 멀어졌기 때문에 페달을 밟기는 훨씬 효율적인 구조였다. 하지만 올라타기가 쉽지 않아 나중에 마차처럼 작은 발판을 달아서 문제를 해결했다. 발판을 달기 전에는 자전거 교습 선생님이 자전거를 잡아주면 학생이 올라탔다. 밖에서 타고가다 중간에 내릴 일이 생기면 다시 올라탈 때마다 지나가는 꼬마에게 푼돈을 쥐어주고 잠시 자전거를 붙들고 있으라고 하거나 담벼락에 자전거를 기대어두고 끙끙대며 올라타야 했다.

남프랑스의 한 제작자는 달릴 때 위로 접을 수 있는 스탠드를 설치하자는 아이디어를 내기도 했다. 벨로시페드를 잡고 같이 달리다가 속도가 붙으면 풀쩍 안장으로 뛰어오르는 방법도 있었지만, 이는 초심자에게 권할 만한 방법은 아니었다. 안장에 잘 안착하면 다행이지만 자칫 안장 뒤쪽의 판 스트링에 주저앉았다가는 극심한 통증과 함께 눈앞에서 별을 볼 수도 있었기 때문이다. 또 크랭크 벨로시페드는 무게가 40킬로그램이 넘어서 드라이지네보다 두 배는 더 무거웠다. 따라서 경사도가 일정 정도를 넘으면 멈출 수가 없는데다 심하면 자전거가 타고 가던 사람을 내동댕이칠 수도 있어 내릴 때도 조심해야 했다. 그러니 당시에 자전거 교습소가 우후죽순으로 생겨난 것도 놀랄 일은 아니다. 또 커브를 돌 때 앞바퀴가 다리를 스치기 때문에 긴 장화를 많이 신었다. 동승자를 태우자는 생각까지는 아직 못했지만, 혹시 모를 동승객의 예비 좌석용으로 안장 뒤쪽 판 스트링에 공구 가방을 놓아둔 벨로시페드의 그림들도 남아 있다.

그럼 이제 의문 하나가 떠오를 것이다. 겉모습을 빼면 대체 무엇이 개량되었단 말인가? 인간, 기계, 도로의 3대 요소 중 적어도 두 가지는 최적화되었다. 사람들은 균형 공포를 이겨냈고 파리의 도로 사정은 눈에 띄게 좋아졌다. 하지만 기계 자체와 그 조작은 더 힘들어졌다. 제작 간소화를 위해 금속 프레임을 고집하느라 마차의 유행을 쫓게 되었기 때문이다. 물론 공간을 적게 차지하는 페달 동작이 드라이지네처럼 다리를 많이 사용해서 전진하는 동작보다 훨씬 품위 있게 보이기는 했을 것이다. 파리에서 드라이스의 일을 봐주었던 변호사는 1818년 특허 신청서에 "핸들 동작(달리는 동작)을 잘 숨길 수 있다"라고 썼다. 그러니까 드라이지네를 탈 때는 남 보기에 창피스럽다고 생각했던 것이다.

반면에 미쇼의 회사가 1868년에 발행한 광고 팸플릿에서는 자부심과 당당함이 절로 묻어난다.

발을 바닥에서 떼고 앉아 달리는 것보다 더 편안한 나들이길이나 여행길이 있을까? 말을 탈 때처럼 손은 위에 가만히 두고 몸은 곧추세운 채 속도를 마음대로 조절할 수 있지만, 말을 탈 때처럼 불편하게 덜커덩대지 않는다. 특히 날씨가 좋을 때는 너무 빨리 도착해서 아쉬운 점만 뺀다면 도무지 흠잡을 데가 없다. 절대로 여행길이 멀다고 느껴지지 않을 것이다.

모든 발명품이 다 그렇듯 발명가는 존경 대신 욕을 먹는다. 그래서 아는 것도 없으면서 함부로 떠들어대는 뻔뻔한 인간들이 있지만, 그런 인간들만 뺀다면 유용성에 관해 그 어떤 불만도 있을 수 없다. 항상 대기 상태로 기다려주고, 어떤 여건에서도 우리의 운동 능력을 세 배는 더 향상시켜주는데 이보다 더 유용한 것이 어디 있겠는가? 말을 타고 달릴 때보다 훨씬 빠르고 지역 기차를 이용할 때보다 훨씬 유연하다. 아무리 강조해도 모자람이 없다. 벨로체(일명 벨로시페드)는 여행에도 쓸모가 있고 체력도 키워주기 때문에 힘을 기르고 긴장을 풀어주며 출퇴근 시간도 줄여준다.

벨로시페드를 빌려드립니다

신제품은 영국보다 미국에 먼저 도착했다. 이민자 피에르 랄르망이 동료와 함께 1866년에 이미 크랭크 벨로시페드의 특허를 받았던 것이다. 하지만 아직 제작에는 나서지 못하고 있었는데, 2년 후 핸런 3형제Hanlon Brothers가 별도로 벨로시페드의 특허를 얻어 제작을 의뢰했다. 이들은 곡예사였기 때문에 그 기계로 무대와 야외에서 묘기를 부렸다. 제작자는 뉴욕에 사는 마차 제작공 켈빈 위티Calvin Witty였다. 그 뒤로도 몇 사람이 더 제작에 참여했는데 일부는 목재 제작 방식을 고집했다. 그러나 실용성을 이유로 많은 이들이 발이 바닥에 닿는 낮은 안장으로 되돌아가는 바람에 페달의 효율성은 떨어졌다. 가격은 75~150달러로, 결코 싸지 않았다. 노동자의 주급이 10달러에도 미치지 못하던 시절이었다.

그럼에도 붐이 일기 시작해서 프랑스처럼 교습 학교가 우후죽순으로 생겨났고, 체조장이나 롤러스케이트장을 개조해 벨로시페드를 대여해주었다. 가격은 분당 1센트였는데, 이런 대여장 덕분에 젊은이들도 부담 없이 벨로시페드 유행에 동참할 수 있었다. 위티는 다른 제작자들에게서 핸런의 특허료를 소급 징수하기 시작했다. 랄르망의 특허에 대해서도 알게 되자 그는 랄르망과 그의 동료에게서 특허권을 사들여 미국에서 제작되는 모든 크랭크 벨로시페드에 특허료를 징수했다. 가격은 대당 무려 10달러나 되었고 예전 것까지 소급해서 적용했다. 그로 인해 벨로시페드 가격은 천정부지로 뛰어올랐고, 대여료까지 오르면서 점점 더 자전거가 접하기 힘든 고가품으로 바뀌었다.

그러다 보니 제품을 장만할 정도로 여유가 있는 소수의 사람들만 비싼 벨로시페드를 타고 으스대며 달릴 수 있었고, 이들이 인도를 점령하자 여론은 싸늘하게 식어갔다. 드라이지네가 겪었던 과정과 똑같았다. 벌금을 동반한 금지 조치가 내려지자 벨로시페드 주인들은 더럽고 울퉁불퉁한 차도로 내려갈 수밖에 없었다. 대여 자전거에 대한 관심도 급속도로 식었다. 결국 1869년 가을이 되자 크랭크 벨로시페드 붐은 완전히 막을 내리고 말았다.

스포츠 정신이 살려낸 영국의 벨로시페드

다시 파리로 돌아가보자. 때는 1868년 11월, 영국 코번트리에 있는 재봉틀 공장의 젊은 대표 로울리 B. 터너Rowley B. Turner가 콤파니 파리지엔의 크랭크 벨로시페드를 사서 고향으로 보냈다. 그는 두 명의 친구와 함께 그 벨로시페드를 타고 이듬해 2월에 런던에서 브라이턴까지 주행했고, 300여 곳의 신문사가 보도함으로써 영국인들에게 새 기계가 알려졌다.

터너는 공장 관리자들을 설득해서 크랭크 벨로시페드를 제작하기 시작했다. 그리고 터너 앤드 컴퍼니Turner & Compagnie를 설립한 후 코번트리의 공장에서 제작한 기계를 '미국 벨로시페드Vélocipèdes Américains'라는 이름으로 판매했다. 자사 제품이 아무도 모르는 영국 코번트리가 아니라, 이미 자전거 붐이 한창인 미국에서 건너왔다는 인상을 풍기려는 마케팅 전략이었다. 시기도 더할 나위 없이 적절했다. 당시 재봉틀 기계 시장은 이미 포화 상태여서 경쟁이 너무 치열했다. 터너는 새 회사에서 쓸 용도로 코번트리의 공장에 벨로시페드 300대를 주문했고, 그것이 터너 앤드 컴퍼니의 첫 주문이었다. 실제로 이것이 코번트리가 자전거의 도시로, 나아가서 훗날 자동차의 도시로 부상하게 된 출발점이다.

영국에서도 수요가 점차 늘어갔다. 런던의 한 기업이 미국으로부터 크랭크 벨로시페드를 수입했고, 4월에는 첫 경주대회가 열려 3,000명의 관중이 몰려들었다. 영국에는 승마 스포츠와 경주를 사랑하는 전통이 있었다. 프랑스의 경우 벨로시페드 경주가 잦지 않았고, 그마저 대부분 지역 축제와 연계해 열렸지만, 영국 경마장들은 정기적으로 대회를 열었고 상금도 지급했다. 덕분에 도시 근교에서 도심으로 출퇴근할 때 벨로시페드를 이용하는 노동자들과는 별도로, 경주에만 참가해서 먹고사는 프로 선수층이 형성되었다.

1869년 말부터는 영국에서도 인도 운행 금지 조치가 시행되었기 때문에 도심에서 벨로시페드를 타는 것이 실제로 불가능해졌지만, 그와 상관없이 자전거 경주는 전통을 꾸준히 이어갔다. 유럽 대륙에서 벌어진 보불 전쟁의 영향도 적었다. 자전거 경주는 영국의 제작자들에게 제품 개량의 의욕을 북돋웠다. 제작자들은 선수들의 바람에도 부합하고 개인적인 라이딩에도 도움이 되는 더 좋은 기계를 제작하겠다는 열망을 키웠다. 그러니까 영국에서 자전거 열풍이 식지 않았던 것은 순전히 영국의 스포츠 정신 덕분이라고 해도 지나치지 않을 것이다.

Chapter 3

바퀴 발명을
둘러싼
치열한 경쟁

"젊은이는 하이휠, 노인은 세 바퀴!"

나무와 금속의 한계를 뛰어넘어

지금까지의 크랭크 벨로시페드는 프레임은 금속이었지만 바퀴는 여전히 나무였다. 이유는 단순했다. 금속으로 제작하기가 쉽지 않았기 때문이다. 자전거의 질량은 선가속도와 회전가속도, 이렇게 두 종류의 가속도에 반비례한다. 불과 몇십 년 전에 입증된 공식이지만 당시의 기계공들은 경험을 통해 그 사실을 이미 잘 알았다. 바퀴를 철로만 만들면 절대 경주에 나가 이길 수 없다는 사실을 말이다. 하지만 뒷바퀴의 크기를 줄이면 무게도 줄일 수 있었다. 그래서

1869년 파리 경주 대회에서는 뒷바퀴가 작은 크랭크 벨로시 페드들이 많이 등장했다. 구동 앞바퀴를 더 크게 만들면 속도를 높일 수 있었겠지만, 나무로는 한계가 있었다(큰 앞바퀴는 영국의 엔지니어 토머스 러셀 크램프턴Thomas Russel Crampton이 만든 증기기관차를 모델로 한 것이었다. 크램프턴의 기관차는 구동 바퀴가 무척 컸는데 유럽 대륙, 특히 프랑스에서 인기가 높았다).

나무 마차 바퀴와 가벼운 벨로시페드 바퀴는 주로 마차 공들이 제작했다. 곡목 림rim(바퀴의 테)을 쓰는 바퀴, 일명 '특허바퀴Patenträder'는 벨로시페드에 주로 사용했다. 나무 부품들을 딱 맞게 끼워 맞추고 철 타이어를 그 위에 압착하기 때문에 목재용 아교를 굳이 쓸 필요가 없었다. 바퀴의 중앙 부분인 바퀴통이 약한 지점이었지만 중간 정도 자란 느릅나무 목재를 사용해 별도로 만들었기 때문에 살을 꽂더라도 균열이 생기지 않았다. 거기에 다시 추가로 바퀴통을 빙 둘러 작은 철제 림을 씌웠다. 살을 꽂을 구멍은 틀을 이용해 정확히 뚫었다. 그리고 물푸레나무 목재로 만든 살을 약간 더 두껍게 깎아서 불에 지진 다음 구멍에 박아 넣었다. 그러면 열이 식으면서 끝부분이 습기를 빨아들여 부피가 늘어났고, 그럼 구멍에 꽉 박혔다. 반대쪽 끝부분도 같은 방식으로 림에 뚫은 구멍과 딱 맞게 집어넣었고, 거기에 마지막 공정으로 가열한 철 바퀴를 바깥으로 둘렀다. 그것 역시 식으면서 오그라들면 목재 부품들과 서로 꽉 맞물렸다.

하지만 공기의 습도는 매일매일 다르고 울퉁불퉁한 도로나 팬 자리를 지나다보면 바퀴살이 헐거워지기 마련이다. 특히 바퀴의 크기가 크면 긴 살의 지레 작용 때문에 그런 일이 자주 발생했다. 수리를 하려면 바퀴를 완전히 해체한 후 다시 철 바퀴를 끼워 수축시켜야 했다. 당시의 여행서를 읽어보면 딱 맞는 바퀴를 찾지 못해서 오도 가도 못하고 며칠 씩 숙소에 잡혀 있었다는 경험담이 꽤 자주 등장한다. 따라서 프랑스 급행 마차 서비스 운영자들은 바퀴를 5,000킬로미터 달릴 때마다 새것으로 교체해야 하는 소비재로 분류했다.

측면 견고성을 위해 바퀴살을 두 줄로 끼운 모델이 인기가 높았지만, 구멍을 많이 뚫어야 하기 때문에 바퀴통이 약해질 위험이 높아서 한 줄로 만들기도 했다. 애당초 드라이지네의 표준 제작 방식이 한 줄이었다. 바퀴통 문제를 해결하기 위해 축의 마찰을 줄이려는 목적으로 금속, 특히 동을 사용했다. 덕분에 금속 바퀴살과 림을 만들자는 아이디어도 등장했다. 최초의 프랑스 특허는 1867년 루이 고넬Louis Gonel이 소유했다. 그는 직경 10밀리미터의 뻣뻣한 금속 튜브를 바퀴살로 쓰자고 제안했다. 훗날 항공기의 개척자가 된 조지 칼리George Carley는 1808년에 이미 고무 막대를 사용해서 탄력 있는 마차 바퀴를 만들자고 제안한 바 있었다.

덕분에 파리의 벨로시페드 제작자들은 두 가지 바퀴 중

하나를 선택할 수 있었다. 고넬의 뻣뻣한 바퀴살을 쓰면 압력에 약했다. 간단히 말하면 바퀴통이 마차의 무게와 함께 아래로 향하는 바퀴살에 실리게 되는 것이다. 반대로 고무 바퀴살은 압력이 있으면 옆으로 꺾이는 탓에 장력이 커졌다. 마차 무게를 실은 바퀴통이 그때그때 위로 향하는 바퀴살에 걸리기 때문이었다. 고무 타이어 마차는 현실이 되지 못했지만, 장력이 큰 바퀴살 원리는 1806년에 이미 철제 마차 바퀴 특허에서도 등장했다.

압력이 강한 바퀴살은 옆으로 꺾이지 않으려면 두껍고 견고해야 했다. 장력이 큰 바퀴살은 그럴 필요가 없고 철을 이용해 실처럼 가늘게 만들 수가 있다. 그리고 마침내 파리의 한 기술자가 이 원리를 이용해 크고 가벼운 바퀴를 제작했다. 그런데 100년이 넘는 긴 시간 동안 자전거의 역사에서 그는 유령 같은 존재였다. 누군가 그의 이름을 '마지Magee'라고 잘못 적는 바람에 일어난 일이었다. 몇 안 되는 기록을 보면 마지라는 남자가 풀링 스포크 바퀴를 개발했다고 적혀 있다. 하지만 파리에서는 마지라는 이름의 남자가 발견되지 않았고 그 이름으로 발급된 특허도 없었다. 파리에서 공부한 일본 학자 게이조 고바야시가 1993년 석사 논문에서 마침내 그의 정체를 밝혀냈다. '마지'로 알려진 그 남자는 알자스 지방에서 태어난 외젠 메예르Eugène Meyer였다.

더 가볍고, 더 견고하게

1869년 11월 파리의 프레 카탈란에서 벨로시페드 전시회가 열렸고, 자전거 전문 잡지《르 벨로시페드 일뤼스트레》에는 그에 관한 기사가 실렸다.

메예르가 극도로 가볍고 우아한 강철 휠과 그것을 부착한 벨로시페드를 선보였다. 광택이 흐르는 이 벨로시페드보다 더 반짝이는 제품은 찾기 힘들 것이다. 휠의 스포크(바퀴살)는 황동 너트를 이용해 허브 안에 나사로 조여 넣었다. 그의 벨로시페드는 탈것이라기보다는 보석처럼 보였다. 어린이용 세 바퀴도 있었는데 정말로 대단했다. 메예르는 자신이 만든 기계에 자부심이 대단해 그것을 타고 경주에 출전해서 속도와 격차에서 단연 두각을 드러냈다. 그는 프랑스 제일의 제작자 중 한 사람이다.

메예르는 림도 가볍게 만들 수 있다고 생각했다. 풀링 스포크가 구조적 견고성을 선사했기 때문이다. 요즘 자전거도 장력이 떨어지면 림이 라이더의 무게를 이기지 못하고 부서진다. 그 사이 1868년 메예르가 획득한 프랑스 특허장도 발견되었는데, 그는 원리를 이렇게 설명했다.

모든 스포크가 늘어나기 때문에 커브에서도 안전하다. 압력이

메예르의 와이어 스포크휠 벨로시페드

1869년 파리 프레 카탈린에서 열린 전시회에서 기계공 외젠 메예르가 금속으로만 이루어진 휠을 부착한 벨로시페드를 선보였다. 지금껏 보지 못한 가볍고도 견고하면서 동시에 아름다운 혁신적인 발명품이다.

항상 수직으로 작용하여 아래쪽 허브를 향하므로 와이어 스포크는 바퀴가 회전하면서 바퀴 중앙을 지나는 수평선 위쪽으로 스포크가 올라올 때에만 압력을 받는다. 따라서 그 스포크는 부러지지 않는다.

와이어 스포크휠은 지금도 자전거 제작에서 경쟁자를 찾을 수 없는 기초 기술 혁신이다. 그 원리는 1920년대에 와서 건축에도 활용되었다. 미국의 디자이너 리처드 버크민스터 풀러Richard Buckminster Fuller가 텐세그리티tensegrity라는 이름의 디자인 전략을 개발하여 건축 자재를 절약할 수 있는 둥근 집을 지었다. 강철 와이어를 이용해 중심 기둥에 집을 거는 방식이었다.

메예르는 지금까지 90센티미터이던 지름을 키워 속도를 더 많이 낼 수 있는 앞바퀴를 제작했다. 그것으로 그는 지금껏 제임스 스탈리James Starley의 발명품으로 알려져 있는 영국의 하이휠을 한 발 앞서갔다. 메예르는 보불 전쟁과 파리코뮌에도 흔들리지 않고 1883년까지 자신의 하이휠을 제작했다. 안타깝게도 메예르의 초상화는 남아 있지 않지만, 대신 저널리스트 루이 보드리 드 소니에Louis Baudry de Saunier의 칭찬을 듬뿍 받은 그의 기계는 두 대가 남아 있다.

드물게 뛰어난 재능을 갖춘 유일한 기계공 무슈 메예르는 작업장에만 틀어박혀 있었다. 그가 제작한 벨로시페드는 나무를 전혀 사용하지 않아서 1869년에 제작한 것까지 모두가 금속을 사용했고, 여러 지점에서 개량했다. 프레임을 각이 진 철제 막대 대신 원통 모양의 철제 튜브로 교체했고, 막대 스포크 대신 강철 와이어 스포크를 사용했다. 그는 대단히 똑똑한 사람이었지만 불안증이 매우 심했다. 그래서 벨로시페드가 크리놀린(19세기에 서양 여자들이 스커트를 부풀리기 위해 안에 입었던 버팀대 - 옮긴이)처럼 금방 유행했다 사라질까 봐 걱정했다. 햇빛을 되비추며 반짝이는 그의 예쁘고 가볍고 견고한 철 자전거를 누군가 주문해주기를 그는 철학자처럼 기다렸다.

자전거 발명왕 제임스 스탈리

제임스 스탈리가 암 투병 끝에 51세의 나이로 세상을 떠나자 코번트리시는 3년 후 그의 동상을 세웠다. 그 사실만 보더라도 코번트리의 산업 발전과 자전거 나라 영국에 미친 그의 커다란 영향력을 충분히 짐작할 수 있다. 농부의 아들로 태어난 그는 학교를 얼마 다니지도 못하고 아버지를 도와 농사를 지었다. 17세가 되던 해에는 런던의 한 공장에 들어가 정원사 보조로 일했다. 하지만 그러면서도 혼자서 이동이 가능한 촛대, 한 줄로 움직이는 창문 커튼, 혼자서 흔들거리는 아기 요람 등 여러 가지 물건을 발명했다. 어느 날 공장주의 아내가 영국 재봉틀의 선구자 뉴턴 윌슨Newton Wilson에게서 재봉틀을 한 대 얻었는데, 그것이 얼마 못 가 고장이 나자 스탈리에게 수리를 부탁했다. 그러자 스탈리는 수리 차원을 넘어 아예 개량을 해버렸다. 공장주가 윌슨의 동료 조시아 터너Josiah Turner에게 그 사실을 알렸고, 덕분에 스탈리는 윌슨의 회사로 이직할 수 있었다.

스탈리는 자신의 개량 기술에 특허를 냈고 조시아 터너를 비롯해 몇몇 지역 동료들과 힘을 합쳐 코번트리에 여러 개의 회사를 세웠다. 그 마지막이 유러피언 소잉 머신 코퍼레이션European Sewing Machine Corporation이었다. 처음엔 노동자 2명, 도제 4명으로 출발했다. 조지 싱어George Singer, 토머스 베일리스Thomas Bayliss, 윌리엄 힐먼William Hillman, 윌리엄 허버트William Herbert 등이 4명의 도제는 훗날 자전거 산업의 주역들로 성장했다.

스탈리는 '퀸 오브 허츠Queen of Hearts', '유로파Europa'처럼 요즘도 수집가들 사이에서 인기를 누리는 예쁜 재봉틀을 제작했다. 장사가 잘 되었다. 그러던 어느 날 파리에 사는 조시아 터너의 조카 로울리 터너Rowley Turner가 크랭크 벨로시페드 500대를 제작해 달라고 주문했고, 이를 계기로 회사는 코번트리 머시니스츠 주식회사Coventry Machinists Co. Ltd.로 이름을 바꾸었다. 사양 산업이던 코번트리 시계 공장에서 해고된 전문 기계공들이 이 회사에서 새 일자리를 찾았다.

파리의 개량 기술을 본받아 뒷바퀴의 크기는 날로 줄어들었다. 하지만 당시까지만 해도 재질은 여전히 나무였다. 파리에 수출하는 제품은 계속 '미국 벨로시페드'라는 이름으로 판매했지만, 영국에서는 '더 코번트리 바이시클The Coventry Bicycle'이라고 불렀다. '바이시클'이라는 명칭은 독일에서도 사용되었다.

1870년 8월 파리의 자전거 경주 선수들이 영국 울버햄프턴으로 향했다. 그곳의 몰리뉴 공원에서 경주가 열릴 예정이었다. 연승을 올리던 자전거 경주의 스타 제임스 무어가 메예르의 와이어 스포크휠 벨로시페드를 타고 등장하자 모두들 커다란 앞바퀴에서 눈을 떼지 못했다. 영국 참가자들이 탄 벨로시페드 바퀴의 직경은 85센티미터였는데, 무어의 것은 무려 1미터 10센티미터였다. 결승점 직전에서 넘어졌음에도 그는 영국 선수들과 큰 차이로 승리를 거두었다. 사흘 후 스탈리와 힐먼은 개량한 와이어 스포크휠과 그것을 장착한 하이휠(셰익스피어의 〈폭풍〉에 나오는 공기의 정령의 이름을 딴) '아리엘'의 특허권을 신청했다. 그래서 외젠 메예르가 재발견될 때까지는 모두들 '아리엘'이 최초의 하이휠 혹은 바이시클이라고 생각했다.

목재 바퀴인 '코번트리 바이시클'과 함께 '아리엘'을 같이 생산하기 위해 스탈리는 힐먼과 함께 새 회사를 차렸다.

메예르의 벨로시페드와 제임스 무어

1869년 파리-루앙 경주에서 우승한 제임스 무어(오른쪽). 빠르고
견고한 와이어 스포크휠 벨로시페드를 탄 그를 따라잡을 참가자는
아무도 없었다.

서리 머시니스츠 컴퍼니Surrey Machinists Company였다. 몸담은 회사는 계속 바뀌었지만 스탈리는 계속되는 아이디어로 자전거 개량의 길을 묵묵히 걸었다.

　2년 후 그는 또 하나의 바퀴살 특허권을 받았다. 지금까지 반직선 형태로 배열되던 스포크들은 구동하는 바퀴통의 각운동량 때문에 심한 부담을 안게 되어 결국 바퀴통 근처가 부러지고 말았다. 그래서 그는 실제 힘의 경로를 따라 스포크를 배열하기 위해 탄젠트 스포크휠을 개발했다. 이 바퀴는 지금까지도 감히 추격자가 없을 만큼 전 세계적으로 자전거 바퀴에 널리 사용되고 있다. 그 휠을 장착한 바이시클을 스탈리는 '더 탄젠트The Tangent'라고 불렀다. 그것 하나만으로도 발명 올림픽에서 금메달을 따고도 남을 만한 대단한 인재였다. 어쨌거나 바야흐로 휠 전쟁의 시대가 열렸다.

　운동을 즐기는 젊은 영국인들이 열심히 경주에 참가하여 신형 바이시클 수요에 부응했다. 더 많은 기업이 설립되면서 코번트리는 침체를 극복하고 세계 자전거 시장의 중심으로 도약했다. 제임스 스탈리와 아들 제임스 주니어는 여성용에도 관심을 보여서 특허를 받은 유일한 세 바퀴 자전거 '코번트리 레버 트라이시클Coventry Lever Tricycle'을 제작했다. 라이더가 바이시클처럼 바퀴 위에 올라앉는 것이 아니고 큰 구동 바퀴 옆에 달린 낮은 안장이나 의자에 앉는 형태였다. 반대쪽에는 이보다 작은 유도 바퀴 두 개가 앞뒤 일렬로 장

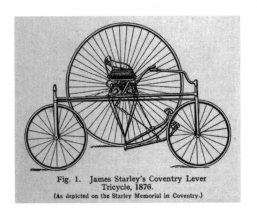

Fig. 1.   James Starley's Coventry Lever
Tricycle, 1876.
(As depicted on the Starley Memorial in Coventry.)

코번트리 레버 트라이시클

한 개의 큰 구동 바퀴, 두 개의 작은 유도 바퀴가 달린 이 자전거는
바퀴 위에 올라앉는 것이 아니라 옆 안장에 앉는 형태로, 여성과 노
인에게 인기가 높았다.

착되어서 바퀴 자국이 두 줄로 남았다. 둘 다 일종의 손잡이로 조절할 수 있었고 발로는 브레이크 레버를 밟았다. 높은 바퀴에서 떨어질 위험이 없어 안전했기 때문에 여성과 노인들에게 인기가 높아 비싼 가격에도 잘 팔렸다.

다시 2년 후 스탈리와 아들은 페달 크랭크를 장착한 체인 구동식 세 바퀴 자전거를 선보였다. '코번트리 로터리 트라이시클Coventry Rotary Tricycle'이었다. 이 모델에 처음 사용된 체인은 얼마 가지 않아 자전거 기술 전체를 혁신했다. 두 사람은 여기서 멈추지 않고 다시 개량에 나섰다. 이번에는 체인이 달린 큰 구동 바퀴 하나와 페달 크랭크, 안장을 추가했다. 그렇게 하여 탄생한 것이 2인승 네 바퀴 '코번트리 소시어블Coventry Sociable'로, 두 사람이 각자 자기 바퀴를 구동했다.

스탈리와 아들이 한번은 그 모델을 타고 가파른 구간을 열심히 페달을 밟아 달렸다고 한다. 그런데 두 사람의 밟는 강도가 다르다 보니 계속해서 방향이 바뀌었다. 스탈리 주니어가 달리면서 열심히 고민을 했던 것 같다. 어느 순간 그가 큰 소리를 외쳤다. "내려보세요. 좋은 생각이 났어요!" 그리고 그는 그 자리에서 쓱쓱 차동 장치를 설계했다고 한다. 물론 이것은 전해 내려오는 전설이다. 사실 그 아이디어 자체는 이미 1827년부터 나와 있었다. 어쨌든 이리하여 세 바퀴 혹은 네 바퀴 기계의 커브 문제가 무난히 해결되었다. 바깥쪽의 바퀴가 빨리 회전하는 동안 안쪽 구동 바퀴가 더 천천히 돌거나 멈췄다.

스탈리의 조카였던 존 켐프 스탈리John Kemp Starley의 회사 스탈리 앤드 서턴Starley & Sutton에서 트라이시클에 그 차동 장치를 장착했다. 이 '트라이시클 넘버 원Tricycle No. 1'은 뒤에서 방향을 조종하는 세 바퀴 자전거였다. 앞쪽에는 두 개의 큰 구동 바퀴가 달리고 뒤쪽에는 조향이 가능한 작은 바퀴를 달았다. 스탈리 앤드 서턴은 조향 장치가 앞쪽에 달린 세 바퀴 자전거도 제작했는데, 작은 조향 바퀴가 앞에서 달리는 모델로서 '트라이시클 넘버 투Tricycle No. 2' 혹은 '살보Salvo'로 불렸다. 빅토리아 여왕이 두 대를 주문하고 난 후엔 '로열 살보Royal Salvo'로 신분이 격상했다. 두 개의 좌석이 나란히 놓인 '미티어 소시어블Meteor Socialble'도 판매했는데, 그 형태는 훗날 카를 벤츠Karl Benz가 제작한 모터 벨로시페드와 헷갈릴 정도로 닮았다.

1884년에는 라이트 프레임 뒷바퀴 조향식 1인승 자전거가 추가됐으며, 그것이 바로 오늘의 코번트리를 대표하는 이름 '로버Rover'였다. 이듬해 이 이름은 뒷바퀴에 체인을 장착한 로우휠 모델로 넘어갔고, 당시의 자전거 잡지들이 보고했듯 로우휠의 세계적 유행을 열었다. 그 모델의 영향력은 지금도 폴란드어로 자전거를 '로베르Rower'라고 부른다는 사실에서도 짐작할 수 있다.

그러니까 1870년에서 1885년까지 자전거의 이런 가파

자전거, 인간의 삶을 바꾸다

처음 혼자서 자전거를 타게 된 날의 기억이 생생합니다. 아슬아슬 간신히 균형을 잡으며 조금씩 나아가다 얼마 못 가 쓰러지기는 했지만, 그때 느꼈던 감정만은 기분 좋게 남아 있습니다. 지금 생각해보면 작은 성취감과 스스로 경계를 넘어선 데 대한 해방감이 아니었나 싶습니다.

19세기 후반, 여성들은 자전거를 '자유의 기계'라고 불렀습니다. 자전거의 등장으로 이동 범위가 넓어지고, 거추장스러운 옷을 벗어던질 수 있었으며, 당연한 것으로 여겼던 온갖 사회 제약에 대해 의문을 품게 되었지요. 몸이 자유를 얻자 생각도 함께 자유로워진 것입니다. 그들이 자신의 힘만으로 페달을 밟고 온몸으로 바람을 가르며 느꼈을 해방감을 상상하면 짜릿하지 않은가요?

지난 200년간 사회 평등의 상징으로, 여성 해방의 마중물로, 교통·환경 문제의 대안으로 우리와 함께해온 자전거. 이 책을 통해 자전거가 사람들의 삶을 어떻게 바꿔놓았는지 살펴보는 일은 직접 자전거를 타고 달리는 것 못지않은 뜻밖의 즐거움을 독자 여러분께 선사해줄 것입니다.

그림: "Riverside Drive, New York", Frederick A. Stokes Company, c1896.

른 성장은 모두 제임스 스탈리를 위시한 그 가문의 특별한 비전과 문제 해결 능력에 빚지고 있었다. 하이휠에서 페달식 세 바퀴를 거쳐 로우휠에 이르기까지, 벨로시페드의 세분화와 발전은 모두 이들의 공이었다.

젊은이는 하이휠, 노인은 세 바퀴

날로 정교해진 바이시클과 다채로운 트라이시클은 많은 사람들의 머리와 손이 만들어낸 합작품이었다. 코번트리에 이어 버밍엄이나 리즈가 성장의 중심지로 떠올랐다. 증기기관 및 철도 기술과 더불어 또 하나의 하이테크 산업이 탄생해 서로에게 영감을 주었고 노동 분업을 통해 업무를 분담했다. 그러자니 아무래도 새로운 타입의 제작자가 필요했을 것이다. 마차 제작공의 기술만으로는 턱없이 부족했기에 정밀 기계공과 금속공들이 이 분야로 뛰어들었다.

속을 비워 철제 프레임의 무게를 줄이거나 애당초 무게가 가벼운 강철 튜브를 사용하기 위해 긴 함석을 나선형으로 이어 붙여 용접했다. 마지막 나사 하나까지 직접 제작하는 기업들도 남아 있었지만 노동 분업으로 표준 부품을 제작하는 사례가 늘어났고, 바이시클 제작을 이제 막 시작한 나라들로 그 조립식 부품을 수출하기도 했다. 수백 개의 특허가 발급되었고, 그중에는 그저 그런 기술이 대부분이었지만, 진정으로 산업의 기초를 닦은 기술들도 적지 않았다. 특히 볼 베어링, 튜브 프레임, 할로우 포크, 케이지 페달, 할로우 림, 탈부착이 가능한 핸들 같은 것이 대표적인 혁신 기술이었다. 영국 특허청이 1886년과 1887년에 발급한 특허 중에서 자전거 관련 특허만 모아도 족히 책 두 권 분량은 될 정도였다.

하이휠 바이시클은 라이더들에게 여러모로 어려움을 안겨주었다. 일단 올라타기가 쉽지 않았다. 페달이 앞바퀴에 고정되어 있었기 때문에 페달을 밟고 올라가려면 그것을 멈추어야 했는데, 또 균형을 잡으려면 일정 정도의 속도가 필요했다. 그래서 자전거를 민 후에 풀쩍 뛰어서 안장으로 올라탄 후 마구 돌아가는 페달에 발을 무사히 안착시켜야 했다. 그래도 어쨌거나 일단 올라타기만 하면 잘 굴러갔고 바퀴의 직경과 고무 타이어 덕분에 승차감도 끝내줬다. 하이휠의 한 기종에 붙인 이름처럼 그야말로 '도로의 왕'이 된 기분을 만끽할 수 있었다.

하지만 승차하는 것 못지않게 하차하는 데도 문제가 많았다. 마크 트웨인Mark Twain은 특유의 시니컬한 말투로 자신의 자전거 수업을 이렇게 묘사했다. "항상 푹신한 것 위로 내리려고" 노력해야 한다. "많은 이가 깃털 침대를 권하지만, 나는 전문가 쪽이 더 나은 것 같다." 이 말은 내릴 때 여러 번

자전거 선생님에게로 넘어졌다는 뜻이다. 높이 탓에 넘어지면 큰 부상을 입을 수도 있었다. 뼈가 부러지는 일도 드물지 않았다.

하이휠은 인체 공학상 추락할 위험도 늘 있었다. 페달의 효과를 높이려면 최대한 페달과 수평이 되도록 앉아야 하므로 안장을 프레임의 앞쪽에 장착했다. 그 결과 도로에서 돌이나 나뭇가지 같은 아주 가벼운 저항만 만나도 라이더가 프레임과 함께 앞으로 엎어졌다. 일명 '헤더header' 혹은 '크라우너crowner'였다. 핸들을 잡고 있으면 다리가 얼굴보다 뒤쪽에 위치하기 때문에 넘어지면 얼굴부터 땅에 떨어졌다. 그래서 넘어질 때 핸들 바를 손에 쥔 채로 뛰어내릴 수 있도록 바의 탈부착이 가능해졌다.

스푼 브레이크를 장착한 앞바퀴의 급제동도 곤두박질의 원인이었다. 뒷바퀴 브레이크는 하중이 적어서 효과도 적은 까닭에 스푼 브레이크를 장착하지 않았다. 그래서 내리막길을 내려올 때 장애물이 없으면 다리를 핸들에 올려놓고 페달이 마음대로 돌아가게 하는 라이더들이 생겨났다. 그럼 넘어지려 하더라도 얼른 뛰어내릴 수 있었다. 하지만 그 방법 역시 문제가 없지 않았다. 자전거가 제멋대로 굴러갈 수도 있는 데다 속도를 절대로 줄일 수가 없었다. 영국에서는 그런 식의 라이딩을 금지하는 법까지 생겨났지만 예나 지금이나 젊은이들은 스릴을 즐기는 법이다. 위험할수록 더 인기가 올라갔고, 새로 생긴 자전거 신문에는 온갖 추락 경험담이 넘쳐났다.

도로 사정은 좀 느리더라도 꾸준히 개선되었지만 도심에서는 여전히 라이딩이 금지되었다. 라이더들은 협회를 결성했고 함께 모여 근교로 라이딩을 떠났다. 대부분 하루 일정의 소풍이었다. 협회에 따라 나름의 규칙도 있었다. 유니폼을 입고 대장이 선두에 서서 나팔을 불어 신호를 보냈다. 이 나팔은 훗날 자동차에 장착하는 에어 혼, 즉 클랙슨이 되었다. 라이더들이 집단으로 움직인 데는 낯선 이들에게 돌을 던지고 혹시 닭이나 오리 같은 가금류를 치게 되면 경제적 보상 이상을 요구하는 지역 주민들로부터 스스로를 보호하려는 목적도 없지 않았다. 하지만 한편에서는 이들을 반기는 사람들도 있었다. 철도가 생기면서 손님을 잃은 시골 역참 주변 식당 주인들이었다.

클럽 회원은 아무나 될 수 있는 것이 아니었다. 기존 회원이 추천을 해야 하고, 유니폼과 회비를 낼 수 있을 정도의 경제적 여건을 갖춰야 했다. 1878년에 결성해서 지금은 사이클리스츠 투어링 클럽Cyclist's Touring Club으로 불리는 바이시클 투어링 클럽스Bicycle Touring Clubs의 회원들은 지정 호텔에서 할인 혜택을 받았다. 나아가 이들 클럽은 도로를 포장하고 위험한 장소에 경고판을 세우고 기술공 네트워크를 조직해 고장수리 서비스를 받게 하는 등 라이딩의 여건 개선을 위해서도 힘을 쏟았다.

경주 클럽에 속한 아마추어 귀족 회원들은 상금을 받으려고 경주에 참여하는 프롤레타리아 프로 선수들과 거리를 두기 위해 애썼다. 바이시클 경주에도 승마와 마찬가지로 상금이 걸려 있어서 돈을 위해 경주에 참가하는 프로 선수들이 생겨났기 때문이다. 영국을 대표한 이상적인 아마추어 귀족 회원으로는 스코틀랜드 사람인 아이언 케이스-팔코너Ion Keith-Falconer가 있다. 케임브리지 대학교에서 아랍어를 전공한 그는 거의 천하무적의 라이딩 실력을 뽐냈고, 1879년에는 2인 경주에서 최고의 프로 선수 존 킨John Keen을 이기기도 했다. 킨은 직접 바이시클을 제작하기도 했는데, 1880년 영국에는 100곳이 넘는 제작소가 있었고, 그중 12곳이 코번트리에 있었다. 유명한 아프리카 학자 헨리 모턴 스탠리Henry Morton Stanley의 이름을 딴 스탠리 클럽은 1878년부터 당시 가장 큰 규모의 자전거 박람회였던 런던 크리스탈 궁의 스탠리 쇼를 후원했다.

6일 동안 달리는 지구력 라이딩 시합도 있었다. 원래는 경기장 안에서 어떤 선수가 지치지 않고 몇 바퀴까지 돌 수 있느냐를 보는 시합이었다. 6일 동안 잠깐의 수면 시간을 제외하고 계속해서 라이딩을 했다. 6일인 이유는 일요일에는 교회에 가야 했기 때문이다. 결국 단 한 명만 남는 경우가 적지 않았는데, 여러 명의 선수가 참가한 최초의 행사는 1878년 런던 이즐링턴의 농업관에서 개최되어 매일 아침 6시부터 자정까지 18시간씩 자전거를 탔다. 먼저 1,000마일을 주파한 사람이 우승하여 200파운드 스털링의 상금을 받았다.

파리에서는 보불 전쟁과 코뮌 수립에도 불구하고 계속해서 하이휠 크랭크 벨로시페드가 제작되었다. 하지만 미국에서는 1870년의 실패 이후 벨로시페드의 성장이 멎었다. 경주를 통해 몇 차례 부활의 노력은 있었지만 별 소용이 없었다. 끝까지 자전거를 포기하지 않은 라이더들은 거리에서 젊은이들에게 공격을 당했다. 영국에서 인기를 끌었던 바이시클도 기껏해야 서커스 공연에나 가야 겨우 볼 수 있었다. 그러던 것이 1876년 헌법 제정 100주년을 기념한 필라델피아 세계 전시회에서 '아리엘' 바이시클이 선을 보이면서 미국의 상황도 바뀌었다. 그중 한 대는 직경이 2미터 10센티미터나 되는 거대한 앞바퀴를 달고 있었다.

마케팅의 귀재 앨버트 포프

공기총을 제작하던 33세의 앨버트 포프Albert Pope는 고향마을인 뉴턴의 시의원 자격으로 필라델피아의 전시장을 찾았다가 그만 바이시클에 홀딱 반하고 말았다. "어찌나 홀딱 빠졌던지 나는 그 전시회장을 몇 번이나 찾아갔고 훈련된 선수가 아니면 대체 누가 저런 이상하고 위태로운 탈것을 탈 수 있을지 궁금했다." 하지만 포프는 여전히 7년 전 크랭크 벨로시페드의 실패를 잘 기억하고 있었다. "예전의 벨로시페드가 기억났다. 그것이 얼마나 금방 사라져버렸는지도 기억했다. 그것을 제작하느라 얼마나 많은 돈을 허비했는지도 잘 알았다." 이듬해 영국 자전거 업계에서 일하는 손님이 그의 집에서 묵었는데, 그 지역 기계공에게 자전거를 만들게 해서 포프에게 타는 법까지 가르쳐주었다. 그 후 포프는 영국 베일리스사의 바이시클 '듀플렉스 엑셀시어Duplex Exelsior'를 수입했다. 그의 뒤를 이어 보스턴의 한 경쟁자가 자전거 수입을 시작했고, 최초의 미국 자전거 신문을 창간했으며, 바이시클 클럽을 창설했다. 포프도 자신의 클럽을 만들었고 운송료과 수입관세를 절약하기 위해 직접 바이시클을 제작하기로 결심했다. 마침 재봉틀 제조업체들이 어려움을 겪고 있었기 때문에 매사추세츠 하트퍼드의 위드 재봉틀 공장Weed Sewing Machine Company이 베일리스 모델 제작에 팔을 걷어붙였다. 덕분에 포프의 바이시클은 125달러인 영국 수입품보다 훨씬 싼 90달러에 공급되었다. 그래도 노동자들의 하루 평균 벌이가 1.30달러였던 현실에 비춰볼 때 아직은 사치품이었다.

포프는 필요한 자금을 확보한 후 랄르망이 가지고 있던 특허권 전체를 수중에 넣었다. 그 결과 독점권을 갖게 되었고 경쟁사들에 대당 10~15달러의 특허료를 요구했다. 그리고 전시회장을 찾은 지 4년 만에 자사 바이시클의 상품명

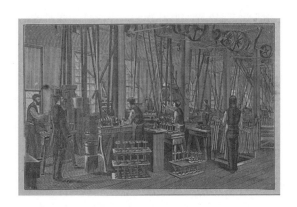

컬럼비아 제작에 나선 위드 재봉틀 공장

운송료와 수입 관세를 절약하기 위해 앨버트 포프는 마침 어려움을 겪고 있던 위드 재봉틀 공장과 손을 잡고 직접 컬럼비아 자전거를 제작하기 시작했다.(1881년)

을 '컬럼비아Columbia'로 확정했다. 이는 콜럼버스가 미 대륙에 도착한 지 400년 되는 해를 기념하여 개최될 세계 전시회의 이름이기도 했다.

지금까지의 경쟁자들과는 달리 포프는 수요를 끌어올릴 방안을 고민했다. 그는 대량 광고의 추종자였기 때문에 서부 해안에 사는 젊은이라면 포프 메뉴팩처링 컴퍼니를 모를 수가 없을 정도로 광고를 해댔다. 또 신문사에 꾸준히 자전거 기사를 제공했고, 그것으로도 성에 차지 않았는지 아예 라이프 스타일 스포츠 잡지인 《아우팅Outing》을 창간해 1882년부터 토머스 스티븐스Thomas Stevens의 – 당연히 크롬 컬럼비아 기종 '엑스퍼트Expert'를 타고 떠난 – 세계 일주 소식을 전신으로 받아 보도했다. 스티븐스는 단신으로 스미스 앤드 웨슨 리볼버 한 자루만 핸들 주머니에 넣고서 용감하게 적국을 넘나들었다. 그리고 2년 만에 무사히 돌아와서는 그 모험담을 책으로 펴내 베스트셀러 작가가 되었다. 미국에서 온 하이테크 차량을 난생처음 본 아시아 사람들은 무척 놀랐다. "그의 말은 먹지도 마시지도 지치지도 않고 진짜 악마처럼 달린다." 터키 부육아다섬의 주민들이 놀라 이렇게 외쳤다고 한다.

마케팅의 효과는 대단해서 바이시클은 돈 많은 젊은 미국인들의 하이테크 신분 상징으로 부상했다. 시 외곽 도로의 사정만 괜찮으면 너도 나도 '센트리스Centuries'라 부르는 100마일 투어를 떠났다. 왕복 160킬로미터였는데, 대부분의

컬럼비아 자전거 광고

1895년 포프 메뉴팩처링 컴퍼니의 자전거 브랜드 '컬럼비아' 광고.
"우리는 천국 같은 시간을 보내고 있어요!"

도시는 도심에만 도로가 깔려 있었다. 1890년대 버지니아주에 사는 한 남성은 이런 불만을 토로했다.

> 나와 동행은 오후 내내 달려 14마일(약 22.5킬로미터)을 이동한 후 포기하고 말았다. 몇 분에 한 번꼴로 내려서 앞바퀴 포크에 달라붙은 진흙을 떼어내야 했기 때문이다. 그렇게 하지 않으면 바퀴가 굴러가지 않았다.

서부 해안에서 동부 해안까지 이어진 도로가 없었기 때문에 스티븐스는 대부분의 구간을 철둑을 따라 이동했다. 앨버트 포프가 도로 문제에도 관심을 보인 것은 당연한 결과였다. 그는 법정에 선 라이더들을 후원했고, 매사추세츠 기술 연구소와 같은 공과대학 도로 건설 연구소의 설립 비용을 댔으며, 미국 사이클 선수 연맹과 함께 도로 여건 개선 캠페인을 출범했다. 1893년에는 연방 차원의 도로청 신설 서명 운동을 벌였는데, 현재 워싱턴 문서실에 보관되어 있는 당시의 탄원서는 역사책에 '괴물 탄원서'라는 이름으로 기록될 정도로 대단했다. 2미터 높이의 목재 실패에 탄원서와 15만 개의 서명이 끝없이 붙어 있다. 하지만 농부들은 도로 건설에 반대했다. 철도만 있어도 시카고의 도축장까지 가축을 실어 나르기에 충분했기 때문이다. 어쨌든 포프의 노력 덕분에 도로여건을 조사하는 2인 사무실이 설치되었고, 이는 훗날 자동차 기술의 발전에도 유익한 영향을 끼쳤다. 하지만 사이클 단체 관계자라고 해서 모두가 사이클 경주의 후원과 도로 여건 개선을 위한 로비 활동에 찬성하는 것은 아니었던 모양이다. 미국 사이클 선수 연맹 미시간주 회장은 이런 말을 하기도 했다.

> 미국 사이클 선수 연맹이 사이클 대회를 준비하는 짓은 가금류 영농 조합이 닭싸움 대회를 여는 것이나 우유 생산 조합이 소싸움 대회를 개최하는 것과 마찬가지로 의미가 없다.

또 포프는 배송 과정과는 무관하게 어디서나 같은 가격에 할부로 바이시클을 살 수 있도록 판매망을 구축했다. 그의 마케팅 방법 중 다수는 훗날 자동차 업계에서도 차용할 만큼 효과적이었으며, 하트퍼드의 공장은 확장일로를 걸었다. 1878년 연간 50대이던 자전거 생산량이 1888년에는 무려 5,000대로 늘어났다. 그것만 봐도 포프가 얼마나 기업을 제대로 꾸렸는지 잘 알 수 있다.

바이시클이 독일 전역을 누비다

미국과 프랑스에 이어 영국식 신형 바이시클이 1878년 독일로 들어왔다. 도르트문트에서 F. H.디셀F. H. Dissel이라는 이름의 한 남자가 엄청난 규모의 벨로시페드 공장인 디셀 앤드 프롤Dissel & Proll을 설립했다. 실내 자전거 교습장까지 있었다는 해당 공장은 1887년까지 제품을 생산했지만 안타깝게도 그 이상은 알려진 바가 없다.

그래서 흔히 독일 최초의 바이시클 제작자는 하인리히 클라이어Heinrich Kleyer로 통한다. 게다가 그는 포프 못지않게 열심이었다. 다름슈타트에서 기계공의 다섯 번째 자녀로 태어난 클라이어는 아버지의 공장을 물려받을 수가 없었기 때문에 혼자 공부를 해서 함부르크 기계 상사의 직원이 되었고 특허 문제로 미국으로 출장을 갔다가 1879년 독립기념일에 보스턴에서 포프가 개최한 사이클 경주를 관람하게 되었다. 거기서 자전거를 본 그는 말 그대로 넋이 나가버렸다. 독일로 돌아와 1880년 프랑크푸르트에 기계와 벨로시페드를 파는 회사를 열고, 스탈리의 회사 코번트리 머시니스츠 컴퍼니와 싱어 앤드 컴퍼니, 해럴드 앤드 컴퍼니에서 만든 바이시클과 트라이시클을 수입했다. 하지만 이듬해부터 주물 공장 슈포르 운트 크래머Spohr & Krämer에 의뢰해 자체 제작을 시작했다.

클라이어의 자체 브랜드는 '프랑크푸르트Frankfurt'였다가 나중에 '헤롤트Herold'로 이름을 바꾸었다. 그는 또 프랑크푸르트 바이시클 클럽을 결성했고, 23회나 경주에 직접 참가했다. 재봉틀 공장주 아담 오펠Adam Opel은 다섯 명의 아들이 탈 자전거를 클라이어 바이시클에 주문했고, 다섯 아들 모두가 클럽 회원이 되어 경주에 참가했다. 1886년부터는 뤼셀스하임에서도 '메르쿠어Merkur' 같은 자전거들이 제작되었고 더 남쪽으로 내려가 네카르줄름의 자수 기계 공장도 1885년부터 '게르마니아Germania'라는 이름의 바이시클을 제작하기 시작했다. 오스트리아-헝가리 제국이 당시 수입 관세를 막대하게 올리는 바람에 네카르줄름의 자수 기계 수출이 큰 타격을 입었기 때문이다.

영국의 기업들도 수출에 열을 올렸다. 그래서 베를린에는 미국 재봉틀 발명가 엘리어스 하우Elias Howe의 자회사 하우 머신 컴퍼니의 지사가 있었다. 그곳의 에이전시 토머스 헨리 섬터 워커Thomas Henry Sumpter Walker는 독일 사이클의 아버지로 부를 만한 인물이다. 1881년 베를린 바이시클 클럽을 결성한 사람이 바로 그였기 때문이다. 또 독일 최초의 자전거 신문인 《벨로시페드》를 발간했으며, 《라이더 연감》을 발행하고 친구 조지 레이시 힐리어George Lacy Hillier의 트레이닝 안내서도 독일어로 번역했다. 독일 남부와 북부의 클럽이 갈등을 겪어 법정 싸움으로 비화되었을 때는 분쟁을 중재하기 위해 고군분투했지만, 34세 되던 해에는 결국 지쳐서 런던으로 돌아가버렸고, 그 이후는 종적이 묘연해졌다.

독일 노르트라인베스트팔렌주에 자리한 섬유의 도시

빌레펠트에서도 재봉틀 회사인 뒤르코프 운트 컴퍼니가 1885년 바이시클을 제작하기 시작했는데, 여러 모델 중 '메르쿠어'가 가장 돋보였다. 초등학교는 다녔지만 평생 까막눈이었다는 카를 뒤르코프Carl Duerkopp란 인물이 세운 이 회사는 빌레펠트의 최고 부자인 섬유 공장주 리하르트 카제로프스키Richard Kaselowsky가 자금을 대면서 빌레펠트 최고의 바이시클 제작사로 성장했다. 그 후 빌레펠트에는 여러 곳의 자전거 기업이 생겼고, 덕분에 독일 자전거 산업의 중심지로 발돋움하게 되었다.

그 시작은 하이휠에 열광한 몇몇 돈 많은 젊은 남성들이 의기투합하여 빌레펠트 벨로시페드 클럽을 설립한 1882년으로 거슬러 올라간다. 그중 기업가였던 두 사람 리하르트 나겔Richard Nagel과 게오르크 로트기서Georg Rothgiesser가 나겔 둔트 컴퍼니를 세워 자전거 벨, 짐받이, 수리공구, 끈 안장을 생산했다. 제품의 특허권은 로트기서에게 있었다. 로트기서는 그 후로도 다양한 재주꾼의 면모를 보여주었는데, 지금도 발행되고 있는 자전거 전문 상점 잡지《라트마르크트Radmarkt》의 초대 편집장으로도 일했다. 자전거 경주에도 참가한 그는 라이더용 1:5000,000 전국 지도인 〈라이더 가이드〉를 발간했고, 안장 위로 솟은 핸들로 방향을 잡는 두 바퀴 안전 자전거를 발명하기도 했다. 최근 빌레펠트시는 그 공로를 인정해 광장 한 곳에 그의 이름을 선사했다.

Chapter 4

더 안전하게,
조금 더
편안하게

"아직도 자전거를 타지 않는 사람이 있나요?"

코번트리에서 유럽으로 건너온 혁신적 디자인

영국에서는 1880년대 초에 이미 바이시클의 시대가 저물고 트라이시클이 유행했다. 하지만 유럽 대륙에서는 이제막 바이시클이 시동을 걸기 시작해 오스트리아 빈의 경우 1884년에만 몇 개의 클럽이 생겼다. 회원들이 모여 집회실과 연습 장소를 빌리고 클럽의 색깔을 정하고 유니폼과 휘장을 만들고 일지를 마련해 회원들의 라이딩 일정을 기록했다. 빈 사이클리스텐 클럽 기념 책자를 보면, 클럽 초창기의 상황이 다음과 같이 적혀 있다.

도시와 농촌, 젊은이와 노인을 가리지 않고 사람들은 …… 라이더를 마치 못 볼 것 보듯 쳐다보았고 야수 취급을 했다. 돌을 던졌고, 일부러 넘어지라고 달려오는 자전거를 향해 장애물을 던졌다. 도시나 시골에서 특히 항의를 심하게 하는 사람들과 싸움이 나서 의도치 않게 적청색의 클럽 색깔을 널리 알린 일도 있었다. …… 라이더들이 영국제나 독일제 바이시클을 쉽게 소유하기까지는 제법 오랜 시간이 걸렸다. 처음에는 클럽 자전거를 장만해서 일정 시간 훈련받은 회원에게 대여해주었고, 오랜 시간 허리띠를 졸라매서 한 푼 두 푼 모은 다음에야 자기 자전거를 장만할 수 있었다.

비싼 기계를 공동으로 사용하고, 비행하기 위해서는 특정한 장소를 찾아가야 하는 요즘의 항공 스포츠 클럽과 유사하다. 하지만 자전거를 타고 도심으로 들어오려는 사람들이 점점 늘어나면서 경찰의 엄격한 규정에 대한 반감도 커졌다. 오스트리아-헝가리 왕국의 수도 빈에서는 구역마다 다른 규정이 적용되었고, 그러다보니 어떤 경찰을 만나느냐에 따라 처벌 수위도 달라졌다. 부다페스트와 그라츠에는 자전거 통행이 허용되는 몇몇 구역의 리스트를 적어둔 규정도 있었다. 어쨌거나 통행이 금지된 도로에서 경찰이 몰래 숨어 있다가 덮쳐서 벌금을 매기는 경우도 허다했다. 그러나 자전거와 달리 말에는 특별한 배려를 해주었다.

자전거를 타는 사람은 다가오는 말을 신중하게 살펴야 한다. 만일 말이 놀라거나 마차를 모는 사람이 말이 놀랄까 봐 겁이 나서 조심하라는 신호를 보내면, 즉각 자전거에서 내려 최대한 말의 눈에 띄지 않는 곳으로 자전거를 옮겨야 한다.

아무리 규정이 그렇다 해도 순식간에 하이휠 자전거나 세 바퀴 자전거를 숨기기란 여간 쉬운 일이 아니었다.

바이시클 인기가 내리막길에 들어섰다는 것은 1883년 런던에서 개최된 자전거 박람회 스탠리쇼에서 이미 확연히 드러났다. 기술 발전과 개량이 안전한 세 바퀴에만 집중되었다. 물론 바이시클의 위험을 줄이기 위해서도 많은 이가 고심했다. 예를 들어 앞바퀴 포크의 기울기를 낮춰 라이더가 훨씬 뒤쪽에 자리를 잡을 수 있게 함으로써 앞으로 고꾸라지는 사태를 막은 모델도 나왔다. 운전을 하면서 헤드 튜브를 조절하는 방식이었다. 대표적으로 미국 포프사의 컬럼비아 바이시클이 그런 장치를 갖추고 있었다.

페달 크랭크 대신 라이더가 뒤쪽에 앉아서 밟을 수 있는 페달도 등장했다. 이 원리의 대표주자는 싱어의 '익스트라오디너리Xtraordinary'와 '패실Facile'이었다. 패실은 24시간 신기록을 경신한 모델이기도 하다. 24시간 안에 242마일 혹은 387킬로미터를 주파한 것이다.

미국에서는 '패실'을 그냥 거꾸로 돌렸다. 그러니까 페달이 달린 큰 바퀴를 뒤에 배치하고 조향용 작은 바퀴를 앞쪽에 단 것이다. 이것이 바로 '스타 바이클Star-Bicycle'이었다. 스타 기종을 타고 미시간주의 의사당 계단을 아무 문제없이 내려오는 한 라이더의 사진은 실로 감격적이었다. 그러나 이젠 앞으로 엎어지는 대신 뒤로 나자빠질 위험이 커졌다. 1844년 애리조나에 사는 코플랜드Copeland 형제는 이 스타 기종에 작은 증기기관을 장착했다. 스위스 이민자의 아들이었던 유명한 자전거 곡예사 닉 카우프먼Nick Kaufmann은 스타 기종을 타고 처음으로 사이클 볼 경기를 만들었다. 어느 날 거리에서 자전거 앞바퀴를 들어 올려 충돌 위험을 피한 한 남자를 보고 떠올린 아이디어였다고 한다. 훗날 그는 관중들이 지켜보는 가운데 폴로 볼을 이용해서 사이클 볼 시범 경기를 선보였다. 드레스덴의 마셔 운트 크레츠슈마르사는 1890년대까지도 '스타 기종'을 제작했다.

추락 위험을 줄이는 또 한 가지 방법은 안장 위치를 낮추는 것이었다. 이런 방식의 로우휠은 출시되자마자 곧장 '난쟁이'라는 별명을 얻었다. 세 바퀴 자전거의 페달과 구동 바퀴 사이에 체인을 사용한 이후 사람들은 변속비를 키우면 바퀴의 크기를 더 줄일 수 있다는 사실을 깨달았다. 즉 페달에는 큰 체인 바퀴를, 구동 바퀴에는 작은 체인 바퀴를 장착하면 바퀴의 크기를 줄일 수가 있었던 것이다. 덕분에 앞바퀴 크기가 매우 작아졌다. 1884년 코번트리에서 스탈리의 동료 힐먼이 세운 회사는 이 콘셉트를 바탕으로 작아진 앞바퀴의 양쪽에 체인 드라이버와 페달 크랭크를 장착한 난쟁이를 선보이면서 '캥거루Kangaroo'라는 이름을 붙였다. 하강을 위해 훨씬 앞으로 당겨진 페달이 캥거루의 앞발처럼 생겼기 때문이다. 안전을 생각하는 사람들이 캥거루로 갈아탔다. 힐먼사는 캥거루만 출전할 수 있는 100마일(약 160킬로미터) 이상 경주 대회를 열었고, 그 경기에서 한 프로 선수가 100마일을 7시간 11분 만에 주파해 하이휠 기록까지도 깨트려버렸다.

캥거루는 자전거의 역사에서 가장 큰 혁신의 길을 열었다. 체인 구동을 이용하여 바퀴의 크기를 줄일 수 있으면 뒷바퀴로도 구동이 가능했고, 심지어 양쪽의 크랭크 드라이버를 뒷바퀴 앞쪽에서 하나로 모을 수가 있었다. 덕분에 지금까지도 앞바퀴 양쪽의 체인은 캥거루가 그랬던 것처럼 둘이 아니라 하나로도 충분해진 것이다.

세이프티로 안전하게! 공기 타이어로 편안하게!

하지만 이런 생각의 시작은 훨씬 더 빨랐다. 감리교 목사의 아들로 태어나 기계공이 되었다가 훗날 자전거 공장주로 출세한 런던의 해리 로슨Harry Lawson이 그 주인공이었다.

그는 동료와 함께 브라이턴에서 페달 달린 두 바퀴 자전거의 특허를 신청했다. 스타 기종과 비슷했지만 안장이 바퀴 사이로 푹 들어가 있었다. 아마도 그의 키가 150센티미터였던 것도 원인으로 작용했을 것이다. 그는 이 자전거에 '세이프티 바이시클safety bicycle'이라는 이름을 붙였고, 이후 이 명칭은 모든 낮은 차체의 두 바퀴 자전거에 널리 사용되었다. 바닥이 가까워진 것은 환영할 만한 일이었지만, 낮아진 안장의 위치는 확실히 우아함을 반감시켰다.

1879년 세 번째 특허를 받은 후 로슨은 브라이턴에서도 '세이프티'를 제작했다. 업계에서는 그의 자전거를 '악어'라고 불렀다. 앞바퀴가 1미터에 이르는 거대한 차체 때문이었다. 하지만 이 모델의 핵심은 차체가 아니라 페달을 밟아 더 작아진 뒷바퀴를 구동하는 체인 구동 방식 페달 크랭크였다. 로슨은 이 세이프티에 '바이시클렛Bicyclette'이라는 이름을 붙여주었다. 안타깝게도 이 모델은 단 12대밖에 제작되지 못했다. 키가 2미터를 넘는 사람은 탈 수가 없었기 때문이다. 하지만 이것이 바로 훗날 세계를 정복한 자전거의 정석이었다. 크기가 거의 비슷한 두 개의 휠, 페달 크랭크를 달고 한가운데 자리한 안장, 뒷바퀴의 체인. 그러나 로슨의 이미지는 그가 만들었다는 유령 회사 탓으로 매우 나빠졌다. 실제로 그는 사기 혐의로 선고를 받았다. 어쨌든 그는 프리드릭 심스Frederick Simms와 함께 영국 다임러 모토 컴퍼니를 세운 인

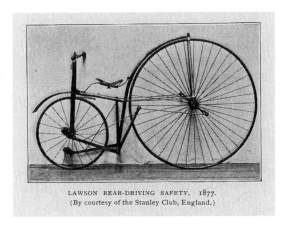

LAWSON REAR-DRIVING SAFETY. 1877.
(By courtesy of the Stanley Club, England.)

로슨의 세이프티 바이시클

해리 로슨이 1877년 런던에서 발명한 세이프티. 앞바퀴 크기가 작
고 안장이 두 바퀴 사이로 폭 들어가 있다. 바닥에 가까워져 안전감
을 얻은 반면, 우아함은 반감되었다.

스탈리의 로버 세이프티 바이시클

1885년 런던 자전거 박람회 스탠리쇼에서 첫선을 보였다. 트라이
시클보다 안전하고 이전에 만들어진 그 어떤 바이시클보다 빠르고
편하다고 광고했다. 간접 조향 방식의 큰 앞바퀴가 특징이다.

물이다.

코번트리시가 동상을 세워준 발명가 스탈리의 조카인 존 켐프 스탈리John Kemp Starley도 1885년 런던 자전거 박람회 스탠리쇼에서 자기 회사 스탈리 앤드 서턴이 생산한 세이프티 바이시클을 선보였다. '(특허 받은) 로버 세이프티 바이시클Patented Rover Safety Bicycle'이라는 이름의 그 모델은 사실은 특허를 받지 않았지만 - 로슨의 바이시클렛과는 달리 - 간접 조향 방식의 큰 앞바퀴가 특징적이었다. 안장이 앞바퀴 포크에서 멀리 떨어져 있어서 라이더의 손이 닿지 않을 정도의 거리였다. 전문 잡지는 그 모델을 '낙타'라고 불렀는데, 로슨의 바이시클렛의 별명 '악어'와 마찬가지로 호의가 담긴 별명이었다.

그러나 스탈리는 얼마 지나지 않아 간접 조향을 포기했다. 그 이유는 자전거 잡지를 발행하는 한 출판사 직원이 경쟁사인 험버사의 직접 조향 방식 세이프티를 타본 후 조언을 해주었기 때문이다. 스탈리는 그 조언을 받아들여 1885년 자사가 주최하는 경주 대회에 개량 모델을 내보냈다. 그 신형 로버 기종은 50마일과 100마일 경기에서 각각 3시간 5분과 7시간 5분 16초의 세계 기록을 세웠다. 아직 통고무 타이어를 장착하고 있는 상태에서 세운 기록이었다. 이듬해 모든 경쟁사가 앞뒤 바퀴의 크기가 같고 뒷바퀴에 체인을 단 낮은 차체의 세이프티 바이시클로 전환했다. 로버

로버 세이프티 바이시클 광고

"신사 숙녀 여러분, '로버'가 세계의 유행을 선도합니다!" 두 바퀴의 크기가 같고 차체가 낮은 로버 세이프티는 광고 속 문구 그대로 남녀노소가 즐기는 세계적인 인기 자전거가 됐다.

모델을 시작으로 낮은 차체의 자전거가 큰 인기를 끌었다. 로버는 광고 문안처럼, 그리고 전문 언론의 평가처럼 세계적인 유행을 만들어냈다.

따지고 보면 스탈리는 새로운 것을 발명한 사람이 아니었다. 그는 기존에 있던 것들을 잘 조합했고, 경주를 통해 언론과 접촉해서 그것을 세상에 알린 사람이었다. 그러니 로버가 특허를 받을 수 없었던 것은 당연한 일이다. 훗날 왕립미술협회로부터 은메달을 수상한 후에 스탈리는 당시의 고민을 이렇게 회고했다.

바이시클 문제를 해결해야 할 시점이라고 생각했다. …… 그래서 온 신경을 로버 바이시클에 모았다. 이 기계를 설계할 때는 특히 다음의 몇 가지에 유의했다.

- 운전자와 바닥의 거리가 적당해야 한다.
- 크랭크를 구동 바퀴와 연결해 변속비를 원하는 대로 조절할 수 있어야 한다.
- 안장의 위치를 잘 잡아 페달에 밟기 불편하지 않아야 한다.
- 안장의 길이나 높이를 마음대로 조절할 수 있어야 한다.
- 운전자가 최소의 노력을 들여 최대의 힘을 페달로 전달할 수 있도록 손잡이의 위치를 잘 잡아야 한다.
- 손잡이는 탈착이 가능해야 한다.

······ 내 목표는 안전한 자전거의 생산을 넘어 진정한 혁명이 될 기계를 제작하는 것이었다. 내가 1885년에 확정한 주요 포지션들이 그 후로도 거의 변화가 없다는 사실은 기본 구상이 틀리지 않았음을 입증한다.

1886년 빌레펠트에서 발행된 자전거 잡지 《라트마르크트Radmarkt》는 표지에 '로버 두 바퀴'의 광고를 실었다. 하지만 차체가 낮은 자전거가 인기를 끈 것은 그로부터 10년이 더 지난 후였다. 영국에서는 신형 세이프티 바이시클과 구분하기 위해 하이휠 자전거를 '오디너리Ordinary' 혹은 '페니 파딩Penny Farthing'이라고 불렀다. 큰 앞바퀴를 당시 가장 큰 페니 동전, 작은 뒷바퀴는 가장 작은 파딩 동전에 비유해 부른 이름이었다. 프랑스에서는 하이휠을 '그랑 비Grand bi'라고 불렀다. 독일에서도 자전거의 인기가 치솟자 독일 재봉틀 공장들이 자전거 제작에 뛰어들었다. 뉘른베르크의 가게나우어 아이젠베르케, 프랑켄부르거 운트 오텐슈타인과 드레스덴의 자이델 운트 나우만사는 하이휠을 건너뛰고 곧바로 낮은 차체 자전거의 제작에 들어갔다. '크로스 프레임' 같은 다른 형태의 프레임들에서 '다이아몬드 프레임'이 등장했다. 사실 형태만 보자면 '마름모꼴'이라는 명칭이 더 어울렸겠지만, "다이아몬드처럼 단단하게"라는 광고 문구 때문에도 다이아몬드라는 이름이 계속 사용되었다.

하이휠을 탄 사람들

하이휠은 단순하고 우아하며 훨씬 빠르지만 그만큼 위험했다. 페니 파딩의 전성기가 지난 지 50년 후인 1935년, 78세의 마크 힐Mark Hill 이 지도하는 자전거 그룹이 런던에서 훈련을 하고 있다.

하이휠이 여전히 거리를 활보했지만, 영국의 자전거 제조사들도 모두 이 신형 모델로 전환했고 트라이시클 역시 로우휠로 바뀌었다. 다채롭던 기종은 세 개의 바퀴 크기가 동일한 '크리퍼Cripper'로 통일되었다. 당시 인기를 끌었던 자전거 선수 로버트 크립스Robert Crips의 이름을 딴 기종으로, 지금 남아 있는 세 바퀴 자전거 역시 그 기종이다. 미국의 경우, 1888년에 세이프티가 선을 보이면서 앨버트 포프의 특허를 위협하기 시작했다. 뒷바퀴 구동 방식의 세이프티는 포프가 1866년에 획득한 앞바퀴 구동 방식의 특허로는 커버할 수 없는 모델이었기 때문이다. 포프는 1890년에야 '컬럼비아 세이프티Columbia Safety'를 내놓았다.

아무리 그래도 자전거의 진정한 혁신은 역시나 아일랜드 더블린의 수의사 존 보이드 던롭John Boyd Dunlop이 1887년에 발명한 '공기 타이어'였다. 하지만 그의 특허는 10년 후 취소되고 말았다. 스코틀랜드의 천재 로버트 윌리엄 톰슨Robert Williams Tompson이 1845년에 이미 특허를 취득했기 때문이다. 물론 당시만 해도 아직 그 발명의 잠재력을 아무도 알아보지 못했지만, 자전거를 타는 라이더들은 그것의 가능성을 금방 간파했다.

던롭의 타이어가 개발됨으로써 마침내 낮은 차체의 자전거도 승차감을 회복할 수 있었다. 물론 더블린의 자본가 하비 듀 크로스Harvey du Cros가 나서서 발명가의 이름을 딴 타

공기 타이어를 발명한 존 보이드 던롭

자전거의 역사에서 가장 획기적인 혁신은 존 보이드 던롭이 1887년에 발명한 공기 타이어였다. 그 덕분에 차체가 낮아도 승차감을 유지할 수 있게 되었다.

이어 회사를 설립한 것도 타이어 보급에 큰 기여를 했다. 1889년 라이프치히 수정궁전에서 열린 제1회 독일 자전거 및 자전거 용품 대 전시회를 살펴보면 독일의 경우 1890년 대에는 하이휠 기종까지도 공기 타이어를 사용했음을 알 수 있다.

사회 평등의 상징이 되다

당시 약 110제국마르크(1제국마르크는 지금의 10유로)였던 노동자의 월급 수준과 비교하면 자전거는 여전히 비쌌다. 하지만 그 가격은 점차 낮아져 1910년이 되면 28제국마르크까지 떨어진다.

1870년대	750~600제국마르크
1883년	600~400제국마르크
1890년	320~230제국마르크
1894년	285~200제국마르크
1899년	210~170제국마르크
1900년	170~140제국마르크
1901년	75~85제국마르크
1904년	70~80제국마르크

1907년	53~60제국마르크
1910년	28제국마르크

* 일반적인 '스페셜 자전거Spezialrad' 기준

이 같은 가격 하락의 원인은 무엇일까? 무엇보다 제작 과정의 합리화가 가장 큰 원인으로 보인다. 예전에는 한곳에서 일일이 튜브도 만들고 허브도 제작하다 보니, 거의 피아노 절반 가격의 수제 작품이 될 수밖에 없었다. 그러나 시카고의 웨스턴 휠 워크스Western Wheel Works가 자전거 제작 공정을 추가로 합리화하면서 포프의 컬럼비아 세이프티에 정식으로 가격 전쟁을 도발했다.

슈투트가르트 남쪽의 바일 데어 슈타트에서 살다가 미국으로 이민을 간 아돌프 쇠닝거Adolph Schoeninger는 기술 재능이 뛰어난 두 사위 오토 운치커Otto Unzicker, 리하르트 뵈리케Richard Boericke와 함께 금속판 프레스를 이용해 웨스턴 휠 워크스의 신공법을 도입했다. 그리고 판매의 귀재 로버트 콜먼Robert Coleman이 판매를 책임졌다. 독일의 금속 공장과 함석 장난감 공장에서 노동자들이 넘어왔다. 재료의 효율성을 크게 높인 디프드로잉, 펀칭, 프레스 기술을 활용해서 이들은 자전거 가격을 엄청나게 낮추었다. 한 전문 잡지는 당시 이런 기사를 싣기도 했다. "회사는 펀칭 기술에 모든 것을 걸었고, 직원들은 독일 금속공의 방식대로 규칙적으로 9시 30분에

맥주를 마신다." 시카고로 넘어온 독일 이민자들의 전설적인 맥주 소비량은 아일랜드 이민자들에 이어 전체 2등을 기록할 정도였다. 콜먼은 1896년 노동자 1,200명과 함께 회사를 인수해서 하루 200대의 자전거를 생산했다. 당시로서는 세계 최고의 자전거 공장이었다. 제품명 '크레센트Crescent'(초승달)는 훨씬 비싼 포프의 '컬럼비아'와 비교해도 손색이 없었다. 덕분에 미국 노동자들도 부담 없는 가격에 자전거를 탈 수 있게 되었다.

19세기는 그야말로 두 바퀴 자전거의 최대 붐이었다. '자동차'라는 말을 아직 몰랐던 디트로이트에서 한 신문은 이런 기사를 실었다.

역사서들이 '자전거의 완성이야말로 19세기 최대의 사건'이라고 결론 내린다고 해도 여기에 이의를 제기할 이는 없을 것이다. 인류에 미친 자전거의 영향력을 생각한다면, 실제로 모든 사람들이 자전거를 이용해 엄청나게 빠른 속도로 이동할 수 있게 되었다는 사실을 생각한다면 당연한 결론이 아닐 수 없다.

뮌헨의 출판업자 파울 폰 잘비스베르크Paul von Salvisberg의 말은 자전거가 몰고 온 변화를 기가 막히게 집어내었다.

얼마 전까지만 해도 고개를 갸우뚱하며 물었다. "어? 자전거 타요?" 요즘은 이렇게 말한다. "자전거를 안 탄다고요? 어떻게 그 럴 수 있지요?" 그렇게 물으면서 상대가 분명히 건강에 문제가 있거나, 고리타분한 인간일 것이라고 속으로 결론을 짓는다.

또 미국의 잡지 《사이언티픽 어메리칸Scientific American》의 한 기자는 이런 말로 자전거에 환호했다.

자전거에 견줄 만한 사회 혁명은 없다. 바퀴 위에 앉은 인간은 기존의 수많은 공정과 사회생활의 형태를 바꾸었다. 자전거는 평등의 상징이다. 모든 미국인이 자전거를 타게 된 이후 마침내 만인 평등의 위대한 원칙이 실현되었으니까 말이다.

자전거 가격이 비쌌을 때는 그 누구도 이런 일들을 상상 할 수 없었다. 사이클 클럽들은 회원의 신분을 엄격하게 따 졌다. 하이휠 시대만 해도 프랑크푸르트의 벨로시페드 클럽 은 우수한 경주 실력을 자랑한 수공업자 에른스트 작스Ernst Sachs의 입회조차 허락하지 않았다. 결혼을 통해 슈바인푸르 트의 볼 베어링 왕조에 입성해서 기업가가 된 후에야 작스 는 슈바인푸르트 사이클 클럽의 회원이 될 수 있었다.

미국에서는 대부호들도 자전거에 올랐다. 석유 재벌 존 록펠러John D. Rockefeller는 자전거 회사의 주주였을 뿐 아니라 직접 체인 없는 자전거를 몰았다. 그는 건강을 생각해 직원

존 록펠러와 자전거

가격이 낮아지면서 자전거는 부자는 물론 가난한 사람들도 이용할 수 있는 이동 수단이 되었다. 1908년, 당시 세계 최고 부자이던 존 록펠러도 체인 없는 컬럼비아 자전거를 탔다. 그는 건강을 생각해 직원들에게도 자전거 타기를 적극 권장했다.

들에게 자전거를 선물했고 적극 사용을 권장했다. 작은 침례교 대학을 록펠러 재단이 인수해서 키운 시카고 대학의 캠퍼스에서 그는 잘 아는 프로 선수에게 경주를 하자고 권하기도 했다. 물론 아무리 열심히 페달을 밟아봤자 그가 프로 선수를 이길 수는 없었지만 말이다.

각계각층에서 활성화된 자전거 클럽

1890년 워싱턴에서는 의원들이 모여 의회 바이시클 클럽을 만들었다. 사람들은 그들을 보고 이렇게 말했다. "잘난 척하고 싶은 사람이라면 이미 자전거를 배웠거나 배우는 중이거나 앞으로 배울 것이다." 정부 각료들이나 대법원 판사들까지 자전거를 타는 모습이 목격되었다. 당연히 자전거 관련 교통 법규에도 긍정적 영향을 미쳤을 것이다. 유명 연극 배우들도 자전거에 올랐고, 노동자 라이더 연맹 '연대'가 결성된 지 2년 후에는 사회주의자 사이클맨 클럽까지 생겼다. 그리고 미국에서는 지역마다 그 지역의 자전거 클럽이 생겨났다.

뭐니뭐니 해도 최고의 엘리트 클럽은 뉴욕의 미쇼 클럽 Michaux club이었다. 회원들은 클럽 홀에서 아침마다 클럽이 직접 고용한 자전거 교사에게 교습을 받았다. 오후에는 숙녀들이 음악에 맞추어 자전거를 탔고 그 후엔 클럽에서 제공하는 차를 마셨다. 홀 끝에 만들어 놓은 발코니에서는 자전거를 타고 싶지 않은 회원들이 구경을 했다. 물론 아래 홀에서 누가 실수를 하더라도 신사답게 절대 웃거나 놀려서는 안 되었다.

제일 인기를 끈 프로그램은 자전거를 타고 추는 윤무 '발라클라바 멜레Balaclava Melee'였다. 용감한 라이더들이 펜싱 가면을 쓰고 지팡이를 들고 자전거에 오른다. 그리고 원을 그리며 서서 빙빙 돌면서 서로의 가면에 붙어 있는 깃털을 막대로 쳐서 떨어뜨린다. 끝까지 깃털이 떨어지지 않는 사람이 승자가 된다. 숙녀들은 '10개 볼링핀 경주'를 즐겼다. 10개의 볼링핀을 1열로 세워놓고 자전거에 올라 그 사이를 지그재그로 주파하는 경기였다. 인도에서 온 '짐카나Gymkhana'도 유행했다. 남녀 모두 유니폼이 정해져 있었는데, 남성의 경우 흰색 니커보커스, 빨간색 재킷, 빨간색과 흰색이 섞인 경마 모자, 빨간색 양말, 흰색 구두였다. 여성의 경우는 흰색 치마, 빨간색과 흰색이 섞인 줄무늬 블라우스, 빨간색 허리끈, 흰색 밀집 마도로스 모자, 빨간색 양말, 흰색 구두였다. 자전거에도 빨간색과 흰색 리본으로 장식을 했다. 8명의 남성과 8명의 여성이 자전거를 타고 입장을 하면, 뒤를 따라 릴레이 경기, 자전거 묘기, 음악, 꼬마 소녀들이 장식한 나무를 빙빙 돌며 추는 '자전거 춤' 등이 이어진다. 그러다가 어둠이 깃들면 민속춤으로 행사를 마무리한다. 물론 민속춤도 자전거를 타고서 춰야 한다.

독일 자전거 클럽들은 윤무 못지않게 거리 퍼레이드에도 열을 올렸다. 퍼레이드를 할 때마다 자전거의 역사를 전시했다. 유럽 이웃 나라들과 경제 전쟁을 치르는 중이었으므로 자국의 선구자적 업적을 강조하려는 의도였다. 그러다가 앞서도 설명했듯 카를스루에의 구 공동묘지가 문을 닫으면서 드라이스의 묘를 이장하게 되자 그의 기념비를 세우기 위한 모금 활동이 벌어졌고 그 결실로 1893년 드라이스의 기념비가 카를스루에에서 제막되었다. 그 즉시 프랑스 자전거 단체들이 들고 일어나 모금 활동을 펼쳤고 1894년 바르뒤크에 피에르와 에르네스 미쇼의 동상을 세웠다.

치열한 가격 경쟁, 시장이 열리다

컬럼비아 '체인리스Chainless'로 포프는 다시 한번 독점의 지위를 노렸다. 체인 없는 자전거와 관련된 모든 특허를 사들였던 것이다. 당시만 해도 자전거 체인은 품질이 좋지 않아 툭하면 부러졌고 그러면 하는 수 없이 자전거에서 내려서 밀고 가야 했다. 체인이 없으면 이런 문제도 없을 터였다. 하지만 포프의 계산은 맞아떨어지지 않았다. 체인이 없는 자전거는 가격이 비싸면서도 고장이 잦았다. 차동 톱니바퀴는 바닥이 울퉁불퉁하면 톱니바퀴가 빠져버리기 때문에 다시 구동을 해야 했기 때문이다. 게다가 그러는 사이 잘 부러지지 않는 체인이 등장했다.

1897년부터 가격 하락의 조짐이 보였다. 미국 기업들이 서둘러 카르텔을 형성했지만 소용없었다. 다급해진 미국 기업들은 유럽 수출에 사활을 걸었고 유럽 경쟁사보다 훨씬 싼 가격에 제품을 판매했다.

> 최근 들어 미국의 경쟁이 치열해지면서 영국과 유럽 대륙의 자전거 공장들이 시름에 젖었다. 독일과 오스트리아에서는 공장주들이 협약을 맺어 미국 기업의 광고를 실어주는 잡지에는 업계 소식을 주지 않기로 했다. 신문에도 미국 경쟁사를 반대하는 기사가 실렸다.

1897년 자전거 기술자 루페르트 리터 폰 팔러Rupert Ritter von Paler가 쓴 글이다. 물론 그는 미국 제품의 수리에 너무 많은 시간과 비용이 든다는 이유로 기술자의 입장에서 보호관세에 반대하고 자유 무역을 옹호한다고 말했다.

미국의 덤핑 수출은 자전거 가격을 낮추었고 결국 독일 국내의 영세한 자전거 기업들을 망하게 만들었다. 만하임에서는 독일 자전거 상인 협회의 회원 한 사람이 미국 자전거 수입상을 부당경쟁방지법 위반으로 고발했다. 문제의 수입상이 신문에 "튼튼한 제작 방식, 가벼운 승차감, 최신 구조, 우아한 모델"을 찬양하면서 자신만이 자전거를 100제국마르크에 판매할 수 있다고 강조했기 때문이다. 그 회원은 수입상의 말은 모두 거짓이며, 모든 정직한 거래상이라면 같은 가격에 제품을 판매할 수 있다고 항변했다. 재판은 결국 제품의 비교로 이어졌는데, 양국의 제품을 비교해본 결과는 미국 제품의 품질이 결코 나쁘지 않은 것으로 나타났다. 그 후 만하임에서는 덤핑 가격을 따라갈 수 없게 된 네 곳의 자전거 회사가 문을 닫거나 업종을 변경했다. 대기업들도 어쩔 수 없이 생산 공정 합리화에 착수했다. 이렇게 본다면 덤핑 수출도 좋은 점이 없지는 않았다. 1900년에는 모든 노동자가 단돈 28제국마르크만 내면 간이 '스페셜 자전거'를 살 수 있게 되었으니 말이다.

미국 대기업들이 카르텔을 형성했어도 독일의 상황은 나아지지 않았다. 그 사이 미국 여러 도시에 전철이 깔렸다. 처음에는 자전거가 전철의 손님을 뺏는 것 같았지만, 1900년 무렵이 되자 상황이 역전되었다. 도시인들은 날씨에 구애받지 않는 전철을 더 좋아했다. 하지만 많은 역사가들은 자전거의 인기가 떨어진 진짜 원인은 기술 서비스 문제였다고 주장한다. 미국 제조사들이 튜브리스 타이어를 사용했기 때문에 펑크가 나면 때워서 쓰지 못하고 아예 다른 타이어로 교체해야 했다. 그런 반면에 유럽 제품들은 품질이 더 우수한 큐브 타이어를 썼고 피복을 입혀 저항력을 높였다.

어찌 되었건 미국 사이클 선수 연맹의 회원 수는 1898년 10만 2,600명이던 것이 1902년에는 7만 7,000명으로 줄어들었고, 1904년에는 8,700명까지 떨어졌다. 같은 기간 동안 자전거 판매량도 80퍼센트나 줄었다. 그러니까 자전거의 붐은 적당한 가격의 자동차가 등장하기도 전에 이미 끝났다는 소리다. 저렴한 포드 모델 T는 1908년에야 세상에 나왔지만, 일반인들이 구매하기에는 가격이 비쌌다. 그래도 자전거가 완전히 사라진 것은 아니었다. 많은 라이더들이 여전히 자전거를 선택의 중심에 놓았다. 유럽의 경우 미국 덤핑 수출이 가격 저하를 불러와서 오히려 거의 모든 계층이 자전거를 탈 수 있게 되었다.

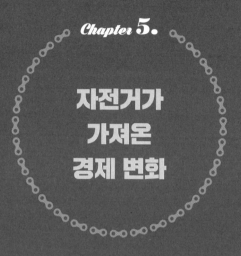

Chapter 5.

자전거가 가져온 경제 변화

"자전거 타느라 사람들이 극장에 오지 않아요."

도로에서 말이 사라지다

　자전거가 경주용에서 교통수단으로 성장하자 기존의 교통수단들이 큰 타격을 입었다.《뉴욕 상업 저널New York Journal of Commerce》은 1896년 자전거 인기가 다른 경제 부문에 연간 1억 1,200만 달러의 손실을 입힌 것으로 추정했다. 특히 말과 관련된 업종의 타격이 컸다. 1895년 미국 7대 도시에서 키우는 말의 숫자는 전년에 비해 24만 마리가 줄었다. 물론 전철의 영향도 무시할 수 없었겠지만, 어쨌든 말을 사육하거나 팔고 사는 사람들, 마차를 제작하거나 삯마차를 운영하는 사람들은 하루아침에 일자리를 잃었다. 뉴욕의 한 말 거래상은 그래도 희망을 잃지 않으려 애썼다.

자전거 인기가 너무 폭발적이어서 오히려 과연 앞으로도 계속 저럴지 의심스럽다. 한 2년쯤 지나면 말에 대한 관심과 애정이 돌아올 것이다.

하지만 말 가격은 계속 내려갔고 말 시장은 회복되지 않았다. 유일하게 남은 부문은 승마 대회용 말 사육뿐이었다. 마차 가격도 곤두박질쳐서 문을 닫는 제작자들이 많았다.

자전거가 등장하기 전 제법 괜찮게 사는 도시 주민의 집에는 바닥에 건초를 깔고 귀리 자루를 쌓아둔 말과 마차의 공간이 뒤편에 마련되어 있었다. 이제 그곳에서 말과 마차가 사라졌고, 텅텅 비었던 그 자리는 훗날 포드 모델 T의 차고가 되었다. 순전히 말을 보살피기 위해 고용됐던 부잣집 하인들은 새 직업을 찾아야 했다. 뉴욕의 한 정원사 보조 하인은 이렇게 말했다.

마님이 자전거를 타게 되자 하인 수가 줄었다. 아가씨 네 분도 전부 자전거를 타고 이 댁의 젊은 남자들도 모조리 열렬한 자전거 팬이라, 말을 몇 마리 팔았고 마구간을 치우던 하인들도 해고해버렸다. 남은 마차와 마구간은 하인 한 명에게 다 맡겼다.

여자들이 어찌나 자주 밖으로 나돌아 다니는지 하녀도 필요 없어질 것 같아서 요리사 아줌마는 이제 요리말고도 다른 일까지 자기에게 돌아올 판이라고 투덜댄다.

결국 마구를 제조하던 업자들 대부분은 자전거 안장 생산으로 업종을 전환했다.

"아무리 싼 나귀도 자전거 1년 수리 비용보다 더 많이 먹는다." 스테드라는 이름의 한 영국인은 스탈리가 생산한 낮은 차체의 로버 자전거를 추천하면서 이렇게 주장했다. 조만간 말이 사라질 테지만, 그래도 그는 그런 미래가 너무나 아름다울 것이라고 예상했다.

이미 전차 선로에서는 말이 사라졌고, 이제 곧 도로에서도 사라질 것이다. 과학적 원리에 따라 매끈한 포장도로가 닦일 것이고, 말의 발굽에 망가지지 않을 것이므로 유지 비용도 최소한으로 줄어들 것이다. 전기로 움직이는 가벼운 차량이 소음을 전혀 일으키지 않고 모든 방향으로 달릴 것이다. 도로에서 소음과 번잡함이 사라질 것이므로 도시 주민들의 신경 쇠약도 사라질 것이다. 도로 청소는 편안한 한직이 될 것이다.

자전거가 바꿔놓은 소비 패턴

비싼 자전거가 다른 산업 부문의 구매력을 크게 떨어뜨렸다는 것도 언급하지 않을 수 없는 사실이다. 당시 사람들의 말대로 100만 명이 각기 80달러를 주고 자전거를 사지 않는다면 예전에 하던 대로 수많은 다른 물건을 살 수 있었을 테니까 말이다.

제일 먼저 타격은 입은 부문은 아무래도 사치품이다. 특히 보석과 시계 제조업자들이 비명을 질렀다. 예전에는 아들의 성찬식이나 견진성사 때 금 회중시계를 사주었다면 이제는 자전거를 선물로 주었다. 아가씨들은 용돈을 모아 귀걸이와 브로치, 목걸이 메달을 샀는데 이젠 그 대신 자전거를 샀다. 부모들까지 가세하다 보니 온 가족의 저축이 다 자전거로만 흘러들어갔다.

보석 세공사들이 가게를 접고 자전거 제작에 나섰다. 존 케임John Keim이라는 이름의 어떤 뉴욕 보석 세공사는 나이아가라 폭포가 가까워 전기료가 싼 버펄로에서 자전거를 제작해 우편 판매 회사인 시어스 로벅 앤드 컴퍼니Sears, Roebuck & Co. 같은 도매상에 납품했다. 이 회사는 발전된 제작 기술로 이름이 나서 나중에 헨리 포드가 자동차 생산을 위해 사들여 배턴루지로 이전했다.

가구상들도 하소연을 늘어놓기는 마찬가지였다. 요즘은

엄마가 딸들에게 새 가구를 살 건지 자전거를 살 건지 선택하라고 하면 딸들이 하나같이 자전거를 택한다고 말이다. 예전에는 신혼부부들이 돈을 모아서 피아노를 샀지만, 미니애폴리스의 피아노 제작공이 보낸 독자 편지에서도 알 수 있듯 이제는 상황이 달라졌다.

> 신혼부부에게 피아노를 많이 팔았다. 할부로도 많이 팔았지만 돈을 차곡차곡 모아서 현금으로 지불하는 사람들도 있었다. …… 피아노 상인에게는 제법 톡톡한 수입원이었다. 그런데 너도나도 자전거를 타는 지금은 어떤가? 돈을 모아 피아노를 사던 젊은 사람들은 이제 그 돈으로 자전거 두 대를 장만한다. 사정이 그렇다. 다른 피아노 상인들도 같은 이야기를 한다. 피아노 한 대 가격으로 자전거 두 대를 장만해서 재미나게 즐긴다. 피아노 상인이 살길은 피아노를 자전거와 묶어서 파는 수밖에 없을 것 같다.

자전거는 술 소비에도 영향을 미쳤다. 미국 사이클 선수 연맹의 회지를 보면 이런 내용이 있다.

> 자전거는 원래가 금주가 용이다. 커브를 돌 때는 좋지만 위스키를 마실 때는 좋지 않다. 사이클 선수라면 무릇 폐가 튼튼해야 하지만 그 못지않게 정신이 맑아야 하고 양심이 고와야 한다.

실제로 자전거를 타는 수많은 사람들이 술집을 피했고, 그 바람에 술집 주인들은 매출 감소를 한탄했다. 기독교 여성 금주 운동 회장 프란시스 윌러드^{Frances Willard}는 자전거가 자신들의 단체보다 더 금주에 유익하다고 말했다. 미국의 금주령은 1920년대에 폐지되었지만 자전거는 금주 분위기 유지에 크게 기여했다. 그래서 많은 컨트리클럽이 지금도 여전히 금주 규정을 두고 있다.

그러나 베를린 여성 사이클 클럽 회장 아말리에 로터^{Amalie Rother}는 1897년 전혀 다른 의견을 주장했다.

많은 사람들이 술을 비난하지만 상황에 따라서는 좋은 점도 없지 않다. 콜라처럼 많이들 찾는 강장제의 경우에 나는 한 번도 효과를 본 적이 없다. 반대로 최고 품질의 코냑이나 럼은 극도로 피곤할 때 한 모금 마시면 곧바로 마법의 효력을 발휘한다. 물론 효과가 오래가지는 않지만 마시지 않았더라면 도달하지 못했을 목표에도 충분히 도달할 수가 있다.

서아프리카산 콜라콩의 언급은 귀 기울여 들어볼 만하다. '강장제' 수요가 증가했고 콜라콩은 커피보다 피로 회복에 더 좋은 효과가 있었다. 따라서 콜라 와인, 콜라 설탕, 콜라 레모네이드 같은 신제품 '인공 자극제'가 선을 보였다. 코카콜라는 1886년부터 생산되었지만 1890년대의 자전거 붐이 무엇보다 큰 성공 요인이었다. '달만 콜라 정제Dallmann's Kola-Pastillen'로 직접 실험을 해본 카를 프레셀Karl Fressel 박사는 자신의 자전거 책에 그 실험 결과를 이렇게 밝혔다.

피로감이 엄습하자마자 두세 알을 먹었다. 효과가 금방 나타났다. 15분 정도만 지나면 피로감이 줄었고, 다시 힘을 내서 기운차게 자전거를 밟았다. 피로감뿐 아니라 공복감은 물론이고 무엇보다 라이더들을 괴롭히는 갈증해소에 효과가 뛰어나서 즐거운 마음으로 먼지 자욱한 국도를 달리게 된다. …… 앞으로 점점 더 많은 사람들이 이 열매의 우수한 특성에 주목하게 될 것이고 라이더들 사이에서도 이것을 먹는 사람이 늘어날 것이다.

코카인과 코카 제품들도 코카 담배나 시가의 형태로, 혹은 의사 오토 에카리우스Otto Ekarius가 라이더들을 위해 특별히 개발한 에센스의 형태로 유통되었다. 그는 "해로운 부작용은 관찰되지 않는다"라고 장담했다. 남용의 위험을 고민한 사람은 본에 사는 해부학자 파울 쉬퍼데커Paul Schiefferdecker뿐이었다. 그는 《라이딩과 그것의 위생학》에서 코카인의 남용을 경고했다. 프로 선수들은 말할 것도 없고 당시에는 일반인 라이더들도 코카인 복용을 당연하게 생각했다. 도핑이 사회적으로 인정을 받았던 것이다. 그러니까 코카인과 콜라도 자전거 붐의 수혜자들이었던 셈이다.

라몬 카사스, 〈2인용 자전거를 탄 라몬 카사스와 페레 로메우〉, 1897

자전거가 인기를 끌자 담배 소비량이 줄었다. 두 바퀴 자전거를 타려면 양손으로 핸들을 잡고 있어야 하는데, 그러려면 담배를 들고 있을 수 없기 때문이었다.

기호 식품 중에서 가장 타격이 심했던 제품은 역시 담배였다. 포츠담에 사는 작가 에두아르트 베르츠Eduard Bertz의 말을 들어보면, 자전거가 인기를 끌면서 미국의 담배 소비량은 1일 평균 100만 개피가 줄었다. 자전거 붐이 일기 시작하면서 1896년 여름까지 줄어든 담배 판매량이 무려 7억 개피에 이르렀다는 얘기다. 두 바퀴 자전거를 타려면 양손이 다 필요하므로 담배를 들고 있을 수가 없다. 그렇다고 담배를 안전하게 올려둘 거치대가 있는 것도 아니다. 그래도 세 바퀴는 그나마 사정이 좀 나았다. 자전거에 앉아 파이프를 꺼내 속을 채우고 불을 붙여도 균형을 잘 잡을 수 있었다. 스페인 화가 라몬 카사스Ramon Casas의 자화상 〈2인용 자전거를 탄 라몬 카사스와 페레 로메우Ramon Casas and Pere Romeu on a Tandem〉를 보면 화가는 파이프 담배를 피우며 자전거를 타고 있다. 군 것질거리의 판매도 많이 줄었다. 자전거를 타면서 그런 것을 먹으면 숨쉬기가 힘들기 때문이다.

오락 산업도 문제를 겪었다. 1896년이 되자 사람들이 자전거를 타느라 극장에 가지 않았다. 젊은 사람들은 극장보다 자전거를 더 좋아했다. 가을은 물론이고 겨울에도 기온이 조금만 오르면 모두가 자전거를 타고 밖으로 나갔다. 뉴욕의 한 유랑 극단 매니저는 이렇게 한탄했다.

봄이 되자마자 다들 밤낮을 가리지 않고 자전거를 타고 나가는 통에 극장이 텅텅 빈다. 예전에는 여름마다 볼티모어, 워싱턴, 보스턴에서 장사가 제법 잘 됐는데, 이젠 극장을 열어봤자 소용도 없다. 도로 사정이 좋아지면서 극장 시즌도 죽어버렸다. 자전거는 극장 산업을 구렁텅이로 몰아넣은 원흉이다.

그래서 시카고에서는 여름 공연이 완전히 중단되었다. 그것이 다시금 이발사와 미용사에게도 타격을 안겼다. 예전 같으면 공연을 보러 가기 전에 면도를 하고 머리를 손질하기 위해 찾아오던 손님들이 발길을 뚝 끊어버렸던 것이다. 뉴욕 이발사의 하소연에서 그 모든 사정을 짐작할 수 있다.

장사가 전혀 안 된다. 자전거 열풍이 불기 전에는 토요일마다 여자 친구를 극장이나 공연장으로 데려가려는 남자 손님들이 와서 면도를 하고 머리를 자르고 머리를 감기도 했다. 그런데 지금은 자전거를 타고 다니기 때문에 면도를 하든 안 하든 상관이 없어졌다. 당연히 우리 같은 사람들이 손해를 보지 않겠는가? 오늘 면도를 안 했다고 내일 두 번 할 리는 없으니까. 오늘의 면도는 영원히 잃어버린 거니까.

책이나 신문, 서점, 출판사도 별반 다르지 않았다. 사람들이 자전거를 타느라 책이나 신문을 읽지 않았다. 뉴욕 대형 서점의 주인은 1886년 한 해 동안 자전거로 입은 손실을 100만 달러로 추정했다. 퍼트넘Putnam이나 스크라이브너 Scribner 같은 대형 출판사에서도 곡소리가 났다. 하퍼Harper 출판사만은 예외였는데, 잡지 《하퍼스 바자Harper's Bazaar》가 자전거 관련 소식을 듬뿍 담아 독자들을 붙들었기 때문이다. 프랑스에서는 2년 전에 이미 공쿠르 형제(형 에드몽Edmond de Goncourt, 동생 쥘Jules de Goncourt. 19세기 프랑스의 형제 소설가로, 사후에 이들의 이름을 딴 공쿠르상이 설립되었다. - 옮긴이)가 책 판매 부수 감소에 대한 우려를 출판사 측에 전달했다. 베어Bär라는 이름의 《베를리너 슈타트차이퉁Berliner Stadtzeitung》 칼럼니스트는 1899년 5월에 자기 나름의 통계 수치를 발표하기도 했다. 지난 8주 동안 거리에서 유심히 지켜봤더니, 책을 들고 가는 사람은 92명밖에 못 만났지만 테니스 라켓을 들고 가는 사람은 2,417명, 자전거를 타고 가는 사람은 5만 명 이상을 만났다고 말이다. 당시 독일 도서관들은 발행 중인 자전거 책의 소장을 거부했다. 그래서 도서관에 비치된 자전거 관련 책은 대부분 의무 납본 부수밖에 없었다.

양복점과 양장점도 손님을 잃었다. 앞서 소개한 포츠담의 작가 에두아르트 베르츠의 말을 들어보자.

자전거로 인해 더 심각한 피해를 입은 사람들은 재단사들이었다. 남녀 불문하고 자전거를 탈 때는 값싼 스포츠 복장을 선호했고, 특히 남성의 경우 그 대부분이 기성복이었다.

클럽 유니폼은 다양한 사이즈의 기성복이었다. 자전거가 맞춤복을 몰아내면서 미국의 양복점과 양장점이 25퍼센트 줄었는데, 그 후로도 수치는 전혀 회복되지 못했다. 유복한 집안의 처녀들도 드레스를 입고 집에 앉아 있지 않고 기성복의 스포츠 의류를 걸치고 밖으로 달려 나갔다. 뉴욕의 재단사 2만 명 중에서 8,000명이 일자리를 잃었다.

모자점이라고 해서 사정이 다를 리 없었다. 비싼 모자를 쓰고 자전거를 타는 사람은 없으니까 말이다. 미국 모자업계 대표는 화가 나서 자전거 타는 사람들에게 의무적으로 해마다 두 개의 펠트 모자를 구입하게 만드는 법을 제정하자고 외쳤다. 에두아르트 베르츠가 전한 제화공들의 사정도 비슷했다.

제화공의 손실이 특히 심각했다. 자전거를 탈 때는 굽이 낮고 값이 싼 기성품 비치슈즈를 신었다. 그런 신발은 아무리 페달을 밟아도 잘 닳지 않는다.

자전거로 이득을 본 사람들

판매량이 급감하기 전까지 자전거 제조사들은 전 세계적으로 막대한 이익을 올렸다. 자전거의 인기가 높아지면서 자전거 용품 제조사들도 덩달아 호황을 누렸다. 대표적인 상품이 자전거 조명이었다. 당시의 자전거는 조명이 없는 상태로 판매되었기 때문에 조명을 따로 구입할 수밖에 없었다. 모두가 기름등이었는데 올리브유, 고래 기름, 유채유를 주로 사용했다. 석유는 그을음이 많아서 금방 더러워졌고 그래서 악취가 났다.

1895년부터는 카바이드등이 선을 보였다. 산업 부산물로 얻은 카바이드를 물과 섞으면 아세틸렌가스가 발생하고, 그것이 연소되면서 햇빛만큼 환한 불빛을 냈다. 따라서 자전거가 인기를 끈 나라에서는 함석으로 만든 카바이드등도 덩달아 인기를 누렸다. 하지만 쓰고 닦기가 힘들었고 폭발 위험이 있어서 주로 남성들이 사용했다. 여성들이 쓰기 좋은 전기 배터리 조명을 공급하려는 노력은 일찍부터 있었지만, 전구의 필라멘트가 약해서 진동이 심하면 견디지를 못했다.

카바이드등은 아래쪽에 용기가 있고 그 위에 작은 물탱크가 있어서 거기에서 물이 꼭지를 통해 일정량씩 똑똑 떨어졌다. 거기서 발생하는 아세틸렌가스는 유연한 호스를 통해 세라믹 점화구로 넘어가고, 두 개 이상의 구멍을 통해 가스가 흘러나가 연소가 되었다. 호스를 꾹 누르면 불은 꺼졌지만 가스는 계속 발생했다. 따라서 출발하기 전에 어느 정도의 카바이드가 필요할지 가늠해서 필요한 양만큼 준비해야 했다. 중간에 불이 꺼지면 자전거에서 내려 다시 불을 붙여야 했다. 성냥을 넣어두는 방수함이 별도로 붙어 있는 경우도 있었고, 불을 피우기 위해 굳이 자전거에서 내려오지 않아도 되도록 장난감 권총처럼 종이띠 화약으로 불을 피우는 모델도 있었다. 집에 돌아오면 등을 떼어내서 청소를 해주었다. 안 그러면 물에 젖은 카바이드가 함석 안쪽 벽에 달라붙었다. 집에 돌아와서도 카바이드가 다 연소되지 않아 가스가 계속 발생하는 경우도 많았다. 그러면 혹시 실내에서 폭발할지도 모르므로 등을 바깥에 내놓았다.

청소를 해야 하는 번거로움은 질긴 종이로 포장한 카바이드가 나오면서 해결됐다. 다 탄 카바이드를 포장째 덜어내서 버리면 그만이었다. 만하임의 오버라인 금속 제품 공장은 자전거용 카바이드등으로 시작해 1920년대까지 모터사이클과 자동차용 카바이드등을 만들었다. 인도에서는 지금도 자전거에 그런 등을 쓴다. 1911년 텅스텐 필라멘트 전구가 등장하면서 라이프치히의 알프레트 베버Alfred Weber가 1886년에 특허를 낸 작은 전기 발전기가 인기를 끌었다. 베버는 자전거에 카메라를 부착하는 거치대를 생산하는 사람이었다. 당시 사용되던 자전거 용품 중에는 자전거를 타면서 음악을 들을 수 있도록 핸들에 장착하는 오르골처럼 사치품들도 꽤 많았다.

자전거 타는 법을 가르치는 자전거 학교도 곳곳에서 성업 중이었다. 여성 전용 자전거 학교에서는 여성 교사를 고용했지만, 남성 교사가 손잡이 달린 허리 복대를 이용해 여성의 몸에 손을 대지 않는 방법으로 교습을 하는 곳도 있었다. 미국의 어떤 야외 교습소는 공중에 레일을 설치하고 끈으로 교습생을 그 레일에 매달아 넘어지지 않게 잡아주기도 했다. 또 당연히 자전거 수리 공장들이 특수를 누렸다. 독일의 경우 대부분 재봉틀 공장이 수리 서비스를 제공했다.

원래는 우편 마차가 다니던 곳이었는데, 철도망에서 빠지면서 사람들의 발길이 끊어진 시골의 식당들도 때아닌 호황을 누렸다. 자전거를 탄 도심의 행락객들이 떼거리로 몰려와서는 식당 자리를 채웠다. 말을 매어두던 곳은 자전거 보관소로 탈바꿈했다. 베를린 사람들에게는 서쪽의 베르더가 그런 휴식 장소였다. 앞서 소개한 작가 베르츠의 말을 들어보자.

꽃 피는 계절이면 일요일마다 베를린에서 베르더까지 끝없는 자전거 행렬이 이어진다. 그런 장면을 한 번이라도 목격하고 나면 실로 자전거 스포츠의 엄청난 보급률을 피부로 느낄 수 있을 것이다. 그런 날이면 오전에는 베를린을 출발해 베르더로 향하는 행렬이 수십 킬로미터의 구간을 자전거로 빈틈없이 물들인다. 그러다 날이 저물어 행렬 전체가 반짝이는 등을 켜고 귀갓길에 오를 때면 거대한 빛 벌레의 끝없는 행렬이 이동하는 것만 같은 풍경이 한밤중까지 계속 이어진다.

SCENE IN A VELOCIPEDE RIDING-SCHOOL, NEW YORK CITY.

자전거 교습소

1869년 《하퍼스 위클리》에 실린 뉴욕의 자전거 교습소 풍경.
1800년대 후반, 자전거의 인기가 높아지자 극장이나 양장점 같은
곳들은 손님을 잃어 울상을 지었고, 자전거 교습소나 수리 전문점
은 성업을 이루었다.

미국에서는 농부들이 자전거족을 상대로 영업했다. 나무 그늘 밑에 식탁과 의자를 놓고 쉴 자리를 마련해서 먹을 것과 마실 것을 팔았다. 호텔과 자전거 클럽의 협력 관계도 생겨났다. 클럽 회원들에게 할인을 해주는 조건으로 호텔 측은 출입구의 잘 보이는 곳에 클럽 현수막을 걸어 광고할 수 있게 해줬다. 또 클럽 회원지에 호텔 이름을 언급해주기도 했다. 호텔 측에서 자전거족을 위해 특별 행사를 마련하기도 했는데, 뉴욕주의 한 호텔은 새해 첫 번째 라이더 손님에게 와인 한 병을 선물로 주겠다고 약속했다. 자전거를 타면 아무래도 활동 범위가 넓어지므로 사람들의 발길이 점점 오지로 확장되었다. 그런 추세에 힘입어 자전거 관광용 지도들이 제작되었다. 군사적 목적 이외의 지도 제작은 이것이 처음이었다.

자전거 도둑

훗날 비토리오 데 시카Vittorio de Sica 감독의 1948년 영화 제목이 된 '자전거 도둑'은 1890년대 자전거 붐이 일면서 일찍부터 기승을 부렸다. 독일의 자전거 도둑 이야기는 아직 알려진 것이 없지만 미국에는 그와 관련된 사연이 적지 않다. 미니애폴리스에서 베이커라는 이름의 자전거 도둑이 붙잡혔는데 요즘의 자동차 도둑들이 쓰는 방법들을 이미 적극 활용했다고 한다. 시리즈 넘버를 긁어내고 칠을 새로 하고 분해한 후 다시 조립해서 되팔았던 것이다. 그는 자전거를 훔치기 전에는 마차를 훔쳤다고 한다.

훗날 덴버에서 체포되는 바람에 '덴버 링Denver-Ring'으로 유명해진 두 남자의 수법은 또 이랬다. 어떤 장소에서 자전거를 훔친 다음 그것을 분해해서 가재도구라고 속여 철도 화물로 부쳐 집으로 보낸다. 그렇게 여러 곳을 돌아다니며 자전거를 훔친 후에 기차를 타고 집으로 돌아가 부품들을 다시 조립해서 팔아먹었다. 체포할 당시 두 사람은 바닥에 앉아서 열심히 작업을 하고 있었다.

자전거가 20만 대에 이른 시카고에서는 또 다른 절도단이 적발되기도 했다. 그들은 불과 열흘 만에 63대의 자전거를 훔쳐서 다른 곳에서 팔아치웠다. 뉴욕에서는 한 남자가 가게에 몰래 들어가서 자전거 세 대를 훔쳤다. 판사는 그에게 징역 9년을 선고했다. 자전거 한 대당 '겨우' 1년의 징역형을 주장했던 미국 사이클 선수 연맹의 요구보다 훨씬 가혹한 판결이었다.

자전거를 타면 도망치기도 훨씬 수월했다. 롱아일랜드에서는 도둑 한 명이 하룻밤에 무려 다섯 번이나 도둑질을 해서 수입이 거의 50퍼센트나 늘었다. 탈부착이 가능한 자전거 등이 특히 도둑들에게 인기가 높았다. 일리노이주의 조용한 마을에서는 서부 차림의 남자가 자전거를 타고 큰 도로를 달려 은행에 도착한 후 자전거를 은행 벽에 기대놓고 1만 달러를 훔쳤다. 그러고는 다시 자전거를 타고 근처의 늪지대로 숨어들어가 도주했다. 미네소타에서는 두 남자가 자전거 복장으로 권총을 빼들고 은행을 털었는데 사람을 두 명이나 죽였다. 둘 중 한 명을 추격하던 보안관이 붙잡았는데 총을 쏘고 달아났다. 하지만 8킬로미터 떨어진 아이오와에서 자전거 바퀴에 바람이 빠지는 바람에 걸어서 옥수수밭으로 도망을 치다가 결국 권총으로 자살하고 말았다. 이튿날에는 공범도 붙잡혔다.

도로에서 자전거를 빼앗아가는 범죄도 늘었다. 뉴저지에서는 밤에 자전거를 타고 가던 남자를 네 명의 도둑이 습격해 자전거를 빼앗아갔다. 롱아일랜드에서는 밤에 여섯 명이 떼를 지어 자전거를 타고 가던 중 맨 앞에서 달리던 사람이 길에 가로놓인 나무줄기에 걸려 넘어지고 말았다. 하지만 일행이 너무 많아서 도둑이 겁을 집어먹었는지 아무 일도 일어나지는 않았다. 그런 사건사고가 늘어나자 시골로 자전거를 타고 갈 때면 무기를 휴대하는 사람들이 많아졌다. 여성복을 짓는 한 재단사는 고객의 자전거 복장에 권총을 넣는 호주머니를 만들어주기도 했다. 우편 판매 회사인 시어스 로벅 앤드 컴퍼니는 권총집에 집어넣어 휴대할 수 있는 자전거용 소총을 1898년의 카탈로그에 추가했다.

1896년 《뉴욕 저널New York Journal》의 기사를 보면 3년 전

부터 노숙자들이 자전거 타는 사람들을 위협했다는 내용이 실려 있다. 그 시기 미국 경제 위기로 실업자가 늘어났기 때문으로 보인다. 6개월치 월급을 한 푼도 안 쓰고 다 모아야 겨우 살 수 있는 자전거를 타고 돌아다니는 잘사는 사람들이 그들 눈에 곱게 보이지 않았을 것이다. 위협을 느낀 자전거 타는 사람들은 무장을 결심했고, 덕분에 총기 제조사인 콜트Colt가 자전거 붐의 간접적 수혜자가 되었다. 하지만 뭐니 뭐니 해도 최대의 수혜자는 건축 회사와 도심에서 먼 시외곽 지역의 부동산 중개사였다. 자전거가 인기를 끌면서 노동자들까지 장거리 출퇴근이 가능해졌으므로 시 외곽으로 이사할 수 있었던 것이다.

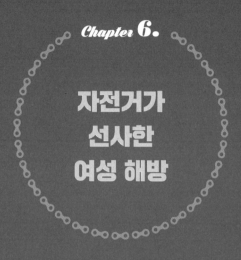

Chapter 6.

자전거가
선사한
여성 해방

"여성들은 어디든 갈 수 있는 자유로운 존재예요."

자전거가 여성을 해방하다

제롬 K.제롬Jerome K. Jerome은 유머가 넘치는 소설《자전거를 탄 세 남자Three Men on the Bummel》에서 당시의 사회 변화를 다음과 같이 묘사했다.

독일인의 성격을 바꿔놓은 것이 있다면, 그건 바로 독일 여성들일 것이다. 그녀들 자체가 급속도로 달라지고 있다. 말 그대로 진보 중이다. 10년 전만 해도 명예를 중요하게 여기고 남편감을 찾고 싶은 독일 여성이라면, 절대로 자전거에 올라탈 용기를 내지 못했을 것이다. 요즘은 떼를 지어 자전거를 타고 다닌다. 그 모습을 보고 노인들은 기가 차서 고개를 절레절레 흔들지만, 젊은 남성들은 오히려 그녀들과 나란히 달리기 위해 서둘러 따라잡는다.

이 소설은 1900년 이전에 세 영국 남자가 자전거를 타고 독일 곳곳을 돌아다니며 겪은 각종 경험담을 들려준다. 하지만 당시 여성들이 이 소설 속 묘사처럼 그렇게 쉽게 자전거를 탔던 것은 아니었다. 몸에 꽉 끼는 코르셋, 무거운 치마, 잔뜩 부풀어 오른 속치마를 입고 있으면 숨 쉬는 것조차 힘들었을 텐데, 자전거를 탈 엄두를 낸다는 것은 결코 쉬운 일이 아니었다. 당시 법과 사회는 모든 결정권을 남성이 쥐고 있었다. 그러니 난생처음 자전거를 타고 새 지평을 향해 달리는 순간, 여성들이 느꼈을 해방감이 얼마나 대단했을지는 짐작하고도 남는다.

독일 여성들은 영국과 프랑스 여성, 특히 미국 여성들을 롤 모델로 삼았다. 그러나 미국에서도 하이휠은 남성들의 경주에 쇼걸로 등장해 약속한 보수를 받는 여성 곡예사들만 탈 수 있었다. 물론 예외가 있긴 했다. 캐롤라인 키너Caroline Kiner로 더 많이 알려진 엘사 폰 블루먼Elsa von Blumen은 미국의 유명 여성 자전거 선수로 활약했다. 그녀는 폐결핵을 치료하기 위해 운동을 시작했다고 하는데, 21세 되던 해 뉴욕 로

체스터 경주장에서 열린 세 번의 경주에서 두 번이나 우승컵을 거머쥐었다. 자전거를 타고서 2륜 마차를 매단 말을 이긴 것이다. 또 5년 후에는 590킬로미터 구간을 51시간 만에 주파해서 서로 교대하며 자전거를 탔던 남성 둘을 무찌르고 승리를 거두었다. 그녀는 이렇게 말했다.

자전거를 타고 관중 앞에 나설 때면 나는 그들에게 가장 현대적이고 매력적인 오락을 선사하는 차원을 넘어 몸의 문화와 몸의 훈련을 원하는 젊은 미국 여성들 마음속의 크나큰 갈망을 알리고자 했다.

하지만 처음부터 두 바퀴 자전거가 여성들에게 허용된 것은 아니었다. 엘사처럼 바지를 입고 하이휠 자전거를 타는 짓은 도덕적으로 상상조차 할 수 없는 일이었고 또 너무 위험했다. 하지만 로우휠이 등장하면서 사정이 달라졌다. 1894년 《미니애폴리스 트리뷴Mineapolis Tribune》에는 이런 기사가 실렸다.

자전거는 여성과 여성의 능력을 바라보는 시각을 급격히 바꾸어놓았다. 자전거 타는 여성은 독립된 존재이며 원하는 곳은 어디든 갈 수 있는 자유로운 존재다. 자전거가 등장하기 전에는 절대 그렇지 않았다.

뮌헨에서는 1880년대 초반에 몇몇 여성이 소년복을 입고 하이휠을 탔다고 한다. 베를린에서는 10년 후 용감한 여성 아말리에 로터Amalie Rother가 선구자가 되었다. 그녀의 말을 들어보자.

옷을 자전거에 맞추어야 한다는 생각, 즉 바지를 입어야겠다는 생각은 당시 아무리 용감한 여성이라 해도 감히 하지 못했다. 궁색하나마 드레스를 입고 탈 수 있었기 때문에 여성들은 세 바퀴 자전거만 탔다. 하지만 로버가 엄청나게 가볍고 타기 편하더라도 드레스를 입고는 편안하게 탈 수가 없었기 때문에 이마저도 그림의 떡이었다. 그러다 마침내 숙녀용 자전거가 등장했다. 안장과 핸들을 가로지르는 탑 튜브를 제거해 드레스를 입고도 탈 수 있는 기계였다. …… 이 기계가 없었다면 지금처럼 여성들이 너도나도 자전거를 타지 못했을 것이고, 상류층 여성들이 자전거를 타겠다고 마음먹기가 훨씬 힘들었을 것이다.

아말리에 로터는 한 프랑스 남성 자전거 전문 저널리스트의 말을 인용해 프랑스 여성들이 자전거 경주는 말할 것도 없고 자전거 타는 것 자체를 꺼렸던 이유를 전했다. 내용을 요약해보면, 프랑스 여성들을 비독립적인 존재로 키우는 교육이 주요 원인이라는 것이었다. 상류층 여성들은 결혼할 나이가 될 때까지 수도원에 들어간다. 그러다 집안에서 남편감을 찾으면 곧바로 결혼을 시키기 때문에 아가씨 때 자전 거를 타며 자유를 누릴 시간이 없다. 또 결혼함과 동시에 온 갖 사회적 책무에 시달리므로 자전거를 타고 오래 집을 비 울 여유가 없다. 게다가 프랑스 여성들은 정돈되지 않은 모 습을 남 앞에 보이지 않으려고 한다. 그런데 자전거를 타고 다니면 그럴 수가 없다. 게다가 남편들은 아내의 피부가 망 가지는 것을 원치 않는다. 프랑스 여성들은 여행을 갈 때도 이동식 화장실을 가지고 다닌다. 어디로 가건 전체 내용물을 다 끌고 다니는 것이다. 그런데 자전거를 타면 그것이 불가 능하다.

그러나 이런 전형적인 남성적 시각은 1893년 파리의 현 실을 외면하려는 남성들의 노력을 다시 한번 확인시켜줄 뿐 이다. 이 저널리스트의 주장과 달리 그 시절의 파리는 오페 라와 연극의 여성 스타들이 경쾌한 라이더가 되는 것을 명 예로 알았던 곳이다. 그리고 그 '수상쩍은 화류계'에서는 시 대를 앞서간 여성 작가 시도니 가브리엘 콜레트Sidonie-Gabrielle Colette도 만날 수 있었다. 여성들은 함께 모여 쿠르 데 아티스 테Course des Artistes(여성 예술가 경주 대회)를 개최하기도 했다.

그런 선구자들의 영향으로 1896년 파리에는 약 5,000명 의 여성 라이더들이 있었다. 비교하기 위해 잠깐 살펴보자 면, 1903년 독일 만하임에는 자전거 카드(자전거를 가지고 대 중교통을 이용할 수 있는 차표-옮긴이)를 소유한 여성이 91명밖에 없었다. 이는 만하임 전체 라이더의 5퍼센트에 불과한 숫자였다. 영국에서는 1897년부터 여성 라이더들이 '바지 회의'를 열어서 반바지를 입고 모여 함께 식사하기도 했다.

라이프치히에서는 1890년부터 협회 회원 여성들만 참가하는 경주 대회가 열렸고, 북부 독일에서는 1893년에야 베를린 할렌제에서 최초의 공식 대회가 열렸다. 이 대회에 참가했던 아말리에 로터는 대회 성공에 만족해 이렇게 말했다.

> 혼자 달리던 여성이 고함을 지르는 치한에게 쫓겨 허겁지겁 페달을 밟는 모습을 보는 것과는 전혀 기분이 달랐다. 어쨌거나 스포츠를 이해하는 일부 관객들에게는 빗장이 열린 것이다. 남성 라이더들은 우리를 동등한 동료로 보았고, 이제 비상은 시작되었다. …… 요즘은(1897년) 고리타분한 노인네가 아니고서는 감히 여성 라이더를 '여자답지 못한 것들'이라고 비난하지 못한다. 그루네발트에 가면 자전거를 타는 사람이 남자보다 여자가 더 많을 때도 많다.

화가이자 훗날 예술교육기관 바우하우스의 교수가 된 라이오넬 파이닝거Lyonel Feininger도 그런 고리타분한 남자 중 하나였다. 《다스 슈탈라트Das Stahlrad》에 실린 기사를 보면 로터가 말한 남성 동료들의 존중이 아직은 만장일치가 아니었음을 짐작할 수 있다. "그러나 이 경주는 …… 즐기기 위한 것일 뿐 진짜 경주의 면모는 찾아볼 길이 없었다." 자전거를 타는 것이 여자답지 못하다는 논쟁이 본격적으로 불붙었고, 논쟁은 결국 1896년 독일 사이클 선수 연맹이 여성의 경주를 금지하면서 막을 내렸다. 그 금지 조치는 1967년에야 폐지된다.

그러나 이듬해인 1897년 베를린에서는 여성 사이클 클럽이 창설되었고 아말리에 로터가 회장을 맡았다. 같은 해 알토나, 드레스덴, 뮌헨에서도 여성 사이클 클럽이 문을 열었다. 20종에 가까운 자전거 잡지와 클럽 회지 중에서 순수 여성 잡지는 《드라이제나Draisena》와 《여성 라이더Die Radlerin》(1897년부터 1899년까지 발행되었고, 그 이후에는 《여성 라이더와 남성 라이더Radlerin und Radler》로 이름을 바꿈) 2종이었다.

《드라이제나》의 편집장 민나 베트슈타인-아델트Minna Wettstein-Adelt는 주로 자전거 타는 귀족 여성들을 소개했다. 요자 마츠너Josa Matzner와 에들레 폰 하일베르트Edle von Heilwerth가 펴내는 《여성 라이더》는 조금 더 서민적이었다. 페미니즘 여성 작가이자 열렬한 여성 라이더였던 사라 그랜드Sarah Grand만큼 신랄하지는 않았지만, 그래도 이들 잡지에서는 '신여성'의 자의식이 충분히 넘쳐났다.

신여성은 사는 것이 너무나 신나기 때문에 종아리가 보이는지

안 보이는지 따위에는 신경 쓸 여력이 없다. 게다가 정말로 종아리가 예쁘다. 당연히 그녀는 자기 종아리가 예쁘다는 것을 알고 있다.

자전거 탈 때도 예의를 지키시오!

당시 어떤 행동을 예의범절에 어긋난 것이라고 생각했는지를 알고 싶다면, 잡지 《빈의 패션Wiener Mode》 편집부가 1897년에 발행한 《여성 라이더를 위한 안내서Vademecum für Radfahrerinnen》를 참고하면 된다. 작가 슈테판 츠바이크Stefan Zweig 는 어린 시절을 회상하며 당시의 상황을 이렇게 요약했다.

계급이 같아도 성별이 다른 젊은 남녀가 어울려 소풍을 간다는 것은 상상도 할 수 없는 일이었다. 그런 말을 들으면 '그러다 일 나면 어쩌지?' 하는 생각부터 했다. 마지못해 허락을 하더라도 반드시 어머니 등 일거수일투족을 감시할 사람이 동행했다.

《여성 라이더를 위한 안내서》를 보면 여성은 가족이나 클럽 회원들이 동행할 경우에만 자전거를 타고 야외로 나가야 한다고 되어 있다. 가다가 힘이 딸리거나 자전거가 고장이 났을 경우에는 한 남성이 혼자서 그 숙녀를 집까지 데려다 주어도 무방했다. 진보적인 남성 클럽 회원들은 가장 속도가 느린 여성을 제일 앞으로 보내고 다른 참가자들이 속도를 늦추는 것을 규칙으로 삼았다. 또《안내서》에는 이렇게 적혀 있다.

> 남성들과 함께 길을 나선 숙녀는 어떤 일이 있어도 외모가 흐트러지거나 집단의 요구에 부응할 수 없을 정도로 흥분해서는 안 된다. 그것이 예로부터 전해오는 올바른 예의범절이다.

그러니까 오르막길에서는 자전거에서 내려 걸어가야 마땅하다고 생각한 것이다.

미국이라고 예의범절이 덜했을 것이라는 생각은 순진한 착각이다. 시카고의 여성 구조 리그Women's Rescue League는 모든 독신 남녀를 강제로 결혼시켜야 한다는 급진적 요구로 이름을 알렸는데, 라이딩을 바라보는 그들의 입장도 매우 극단적이었다.

> 젊은 여성의 라이딩은 무모한 처녀들의 숫자를 늘리는 수단에 불과하다. 그들은 결국 미국이 포기한 여성 상비군으로 편입되고야 말 것이다.

그리고 리그 회장은 '여성의 부도덕한 라이딩'을 금지하는 법안도 주장했는데, 그 뜻을 이루지는 못했다.

반면, 시카고에 사는 한 목사는 정반대로 신여성을 인정하라는 주장을 펼쳤다. 여성이 자전거를 탄다고 해서 가정이 해체되지는 않을 것이고 여성의 모성애와 우아함과 예의범절이 망가지지도 않을 것이기에 블루머(발목을 매게 되어 있는 한복 바지와 비슷하게 생긴 여성용 바지 – 옮긴이)를 입은 여성을 사랑하는 것은 용기가 없어 바지를 입지 못하는 여성을 사랑하는 것 못지않게 아름다운 일이라고 했다. 미국인의 삶은 어느 모로 보나 멋지고 자유롭기에 그동안 남성의 지평이 확대되었던 것처럼 이제는 여성의 지평도 넓어져야 마땅하다고 역설했다. 이 같은 설교는 결국 모두가 알고 있는 것처럼 여성 선거권 요구로 끝을 맺게 된다.

다른 곳, 예를 들어 켄터키주에서는 신문들이 풍자만화를 곁들여 여성의 자전거 타기에 반대하는 캠페인을 벌였다. 플로리다의 한 도시는 1897년이 되어서야 여성의 라이딩을 허용했다. 반대하는 쪽에서는 한결같이 예의범절을 들먹였다. 자전거 예의가 다음과 같이 토론의 주제로 떠올랐다.

젊은 남성이 센트럴 파크에서 자전거를 탄 젊은 여성을 만나면 인사를 해야 할까? 젊은 여성이 마침 자전거를 타고 옆을 지나가던 남성의 도움을 받아들이는 것이 예의일까? 그런 질문에 《하퍼스 위클리Harper's Weekly》가 '거리의 예의범절'이라는 칼럼으로 대답해주었다. 하나만 예를 들어보자.

한 남성이 길을 가다가 어려움에 처한 여성을 만난 경우 모르는 사이라고 해도 도와주는 것이 지당하다. 하지만 진정한 숙녀라면 길가에 서서 지나가는 남성을 기다릴 것이 아니라 먼저 가까운 수리 센터로 가는 것이 더 합당할 것이다.

그러나 1895년 시카고의 한 신문에 실린 기사는 이런 분위기와는 극명한 대조를 보인다. 블루머를 입고 자전거를 타고 지나던 여성에게 기품 있는 노신사가 부적절한 말을 했다. 그러자 그녀가 불끈 쥔 주먹을 노신사의 코앞으로 들이밀었다. 신사가 경멸하듯 비웃자 그녀는 남자의 턱을 향해 주먹을 날렸고, 길 가던 사람들은 박수를 쳤다. 신사는 깜짝 놀라 줄행랑을 쳤다. 1897년 《드라이제나》에도 비슷한 기사가 실렸다.

> 자전거를 타고 가던 한 숙녀가 무례하게 공격하는 남성을 만났다. 그러자 단호하게 자전거에서 뛰어내려 개 채찍으로 몇 번 휘갈긴 다음 그 자리를 떠났다.

개 채찍은 그 시절 반드시 구비해야 하는 필수품이었다. 당시엔 개들이 훨씬 공격적이어서 핸들에 걸어두었다가 혹시라도 개를 만나면 휘둘러 개를 쫓았다. 이는 분명 무례한 낯선 남자를 쫓아버리는 데도 효과가 있었을 것이다.

커플이 함께 자전거를 탄다면 여성이 앞자리에 앉는 것

이 예의였다.《미네소타 트리뷴Minnesota Tribune》은 그 밖에도 몇 가지 여성이 지켜야 할 규칙을 열거했다. "장갑을 낄 것. 눈에 띄는 색깔의 모자를 쓰지 말 것. 일요일 오후에 남자를 동반하지 않고서 2인용 자전거를 타지 말 것." 자전거 예의범절을 둘러싼 논의는 이상한 지점으로 흐르기도 했다. 뉴욕의 한 신문은 '미망인을 위한 자전거'를 주제로 다루었다. 원래 애도 기간에는 자전거를 타면 안 되지만, 어떤 기업이 광택이 없는 검은색 자전거를 출시해서 그 문제를 해결했다는 내용이었다.

사랑이 꽃피는 자전거

19세기 후반까지만 해도 젊은 여성은 샤프롱(젊은 여성이 사교장에 나갈 때에 따라가서 보살펴주는 사람. 대개 나이 많은 부인이다.-옮긴이)을 대동하지 않고서는 절대 밖으로 나가서는 안 되었다. 하지만 1896년의 한 기사에서도 알 수 있듯 이런 규칙 또한 곧 깨지고 만다.

새 시대의 요구에 부응하자면 새로운 사회 규칙이 필요하다. 젊은 남성과 함께 극장에 가는 딸에게 샤프롱을 동행시켰던 부모들도 이제는 샤프롱 없이 젊은 남성들과 자전거 타러 나가는 것을 허락한다. 전혀 문제가 없다고 생각하게 된 것이다.

이렇게 된 이유는 자전거 타는 사람들 사이에 형성된 동료애 덕분이었다. 자전거를 타는 사람들은 서로를 아끼고 배려했다. 심지어 미국의 한 신문은 자전거가 젊은 여성의 결혼 가능성을 더 높인다고 칭찬했다. 자전거가 엄마보다 더 중매를 잘 한다고 말이다. 스탬퍼드의 한 시의원은 자전거 조명을 없애자고 주장하기까지 했다. 조명이 연애하는 젊은 사람들의 사적 영역을 침범한다는 이유였다. 2인용 자전거 역시 자리 분배 문제만 잘 해결하면 중매쟁이 역할을 톡톡히 했다. 보통 뒤에 앉으면 앞 사람 등밖에 보이지 않아 대체로 여성을 앞자리에 앉혔다. 그런데 복잡한 길이 나오면 여성이 운전하기 어려워서 문제가 생길 수 있었다. 그래서 남성이 앞자리에 앉는 경우도 많았는데, 그러면 앞자리의 남성이 추운 날 바람을 막아주어 좋은 점도 있었다. 이런 자리 배치 논란은 자전거 제조사들이 앞자리에 여성용 프레임을 설치하면서 일단락되었다.

사랑의 도피를 떠난 커플에게도 자전거는 요긴하게 쓰였다. 뉴저지에서는 두 남녀가 자전거를 타고 도망쳤기 때문에 잡히기 전에 무사히 결혼식을 올렸다. 또 다른 커플은 부모에게 전보를 쳐서 결혼식을 마치고 신혼여행 중이며 자전거가 무사하면 돌아갈 것이라고 전했다. 뉴욕주에서는 한 농부의 딸이 2인용 자전거를 타고 가출했다. 딸을 망친다고 엄마가 절대로 사주지 말라는 것을 아버지가 우겨서 선물했던 자전거였다. 결혼한 유부남과 유부녀도 자전거를 이용해 도망을 쳤다. 뉴욕주의 한 중년 농부는 22세의 젊은 아내에게 자전거를 사주었는데, 아내가 남편보다 더 나이가 많은 하숙생과 눈이 맞아서 블루머를 입고 자전거를 이용해 가출을 해버렸다.

때로 자전거는 이혼 사유가 되기도 했다. 디트로이트의 한 여성이 변호사에게 이혼 상담을 했는데, 부부 문제의 원인이 바로 2인용 자전거였다. 처음에 남편이 자전거를 장만했을 때는 둘이 같이 타고 다닐 생각에 기분이 무척 좋았다. 그런데 남편이 지금껏 본 적 없는 고집을 피우기 시작했고 두 사람은 어디로 갈 것인지, 언제 출발할 것인지, 어떤 길로 갈 것인지, 사사건건 싸웠다가 결국 지친 아내가 이혼을 요구했다. 자전거보다 남편을 포기하기로 마음먹은 것이다.

자전거가 여성 의복을 개혁하다

자전거가 등장했다고 해서 독일 여성들이 곧바로 치마를 벗고 바지를 갈아입었던 것은 아니다. 하지만 자전거를 타려면 긴 치마가 거추장스러울 수밖에 없었으므로 각종 자전거용 복장이 속속 등장했다.

디바이디드 스커드, 펌프 바지, 다양한 수준으로 몸에 딱 붙는
승마 바지 중에서 고를 수가 있었다. 이런 복장이 빠른 속도로
널리 퍼져나간 것은 영국과 미국의 경우 적어도 이론적으로는
자전거가 도입되기 훨씬 전부터 그럴 수 있는 기반이 마련되어
있었기 때문이다. 몇몇 여성 그룹에서 오래전부터 남성복을 즐
겨 입었던 프랑스는 더 말할 나위가 없었다.

선두 주자는 미국이었다. 1851년, 그러니까 크랭크 벨
로시페드가 파리에서 미국 땅으로 상륙하기 전부터 미국에
는 '블루머'가 있었다. 금주회 회원 리비 밀러Libby Miller가 디
자인했지만, 그 옷을 신문에서 홍보했던 금주회 회원 아멜리
아 블루머Amelia Bloomer의 이름을 딴 바지였다. 복사뼈 높이에
서 꽉 조여 헐렁하고 불룩한 모양이 되는 그 바지는 짧은 재
킷과 맞추어 입었다. 하지만 그 바지를 입고 나가면 욕을 먹
고 조롱을 당했기 때문에 1859년에는 종적을 감추었다. 그
렇게 역사 속으로 조용히 사라질 뻔했지만, 여성들이 자전
거를 타면서 그 가치가 재발견되었다. 영국에서는 1870년
대에 합리적 의복rational dress(영국에서 여성이 자전거를 타기 위해
서 헐렁하게 만든 반바지 - 옮긴이)이 널리 보급되었고, 독일에서
도 비슷한 의복 개혁 운동이 일어났다. 아말리에 로터의 말

블루머 스타일

1850년대 미국 금주회 회원 리비 밀러가 디자인한 것을 아멜리아 블루머가 신문에 홍보함으로써 그의 이름을 따 '블루머'라고 불렸다. 복사뼈 높이에서 꽉 조여 헐렁하고 불룩한 모양이 되는 바지 스타일로, 여성들이 자전거를 타게 되면서 다시 주목을 받았다.

을 들어보자.

주로 두 가지 종류의 개혁 의복이 등장했다. 하나는 짧은 치마이고, 다른 하나는 개량한 시리아 치마다. 후자는 보통 래셔널 보스턴 드레스라고 부르는데, 동양의 여성복을 본떠 절반은 자루처럼, 절반은 바지처럼 꽉 조이는 치마다. 이런 스타일은 아름답고 건강에 좋으며 무엇보다 활동하기에 편했다.

여성의 하복은 다음과 같이 나뉘었다.

치마: 길이가 복사뼈 윗부분까지만 내려온다.
혼합식 복장: 치마와 바지
　- 디바이디드 스커트 혹은 치마 바지
　　(남성용 자전거를 탈 때)
　- 앞자락을 따로 만들어 덮은 디바이디드 스커트
　　(여성용 자전거를 탈 때)
바지: 블루머, 니커보커스

1900년 독일에서는 치마가 가장 널리 애용되었다. 숙녀용 자전거만 탈 수 있는 길이를 살짝 줄인 긴 치마가 유행이었다. 프랑스에서는 바지가 대세여서 여성들이 남성용 자전거도 많이 타고 다녔다. 무릎 아래 높이에서 조인 니커보커

니커보커스를 입은 블랑슈 당티니

에밀 졸라의 소설《나나》의 실제 모델로도 알려져 있는 배우 겸 가수 블랑슈 당티니의 초상이다. 불편한 치마 대신 무릎 높이에서 조이는 바지 형태인 니커보커스를 입고 자전거를 타던 19세기 여성의 모습이 잘 묘사되어 있다.

스는 복사뼈 높이에서 조인 블루머보다는 불룩하지 않았다. 니커보커는 뉴요커의 별명으로, 네덜란드 선조들이 뉴암스테르담(지금의 뉴욕)으로 건너올 때 입었던 헐렁한 짧은 바지에서 비롯된 것이다. 워싱턴 어빙Washington Irving이 1809년 디트리히 니커보커Diedrich Knickerbocker라는 필명으로 《뉴욕의 역사A History of New York》를 발표했는데, 이때부터 니커보커는 뉴요커를 대표하는 이름이 되었다.

당시 대도시 뉴욕은 새로운 복장과 관련한 온갖 사건이 일어나는 현장이었다. 뉴저지 출신 증기 예인선 선장의 아내가 바지를 입고 남편과 함께 항구의 술집에 들어갔다가 미풍양속을 해쳤다는 이유로 체포되는 일이 있었다. 선장의 아내는 판사에게 자신은 바지를 좋아하며 자신이 바지를 입는다고 해서 누가 손해 보는 것도 아니지 않느냐고 당당하게 따졌다. 판사가 어떤 판결을 내렸는지는 신문에 실리지 않았다.

이와 같은 혼란의 시대에 자전거의 선구자가 된 사람 중에는 여교사들도 있었다. 시카고 훔볼트 학교의 지다 스티븐슨Gyda Stephenson이 블루머를 입고 교실에 나타났다. 그 차림으로 자전거를 타고 왔기 때문에 그 옷을 입고 수업을 하지 말아야 할 이유를 찾지 못한 것이다. 당연히 그녀는 교장의 제재를 받았고, 이 사건은 뜨거운 논쟁을 불러일으켰다. 몇몇 동료는 수업 시간에 그런 차림은 부적절하다고 주장했고, 또

고드프루아 뒤랑, 〈최초의 여성 자전거 경주〉, 1868

최초로 기록된 여성 자전거 경주는 1868년 11월 1일 프랑스 보르도의 한 공원에서 열린 것으로, 여성 4명이 출전했다. 《르 몽드 일뤼스트레Le Monde Illustre》는 삽화와 함께 당시의 상황을 상세히 전했다.

다른 이는 아예 그런 옷을 입어서는 안 된다고 우겼다. 하지만 대다수의 교사들은 그녀에게 박수와 응원을 보냈다.

스티븐슨은 자신은 의복 개혁 운동의 일원이 아니지만, 이것이 자전거를 타기에는 가장 합리적인 옷이라는 생각에 블루머를 입었다고 말했다. 또 자신이 수업 시간에 어떤 옷을 입든 학교 당국과는 아무 상관이 없다는 점도 강조했다. 이에 교장은 그녀의 말에 동의하지는 않지만 그녀의 용기와 독립심에 감탄했고 건강과 편리함에 대한 판단을 독자적으로 내릴 수 있는 여성이 자신의 학교에 있다는 사실에 기쁘다고 말했다. 교육청의 한 직원도 기자들을 상대로 누가 봐도 '비도덕적'인 옷차림을 제외하면 교육 당국이 개인에게 옷을 강요할 권리는 없으며, 블루머는 제재를 받을 만큼 비도덕적인 옷이 아니라고 말했다.

그러나 2주 후 롱아일랜드의 플러싱에서는 달랐다. 컬리지 포인트 스쿨의 여교사 3명이 지역 교육청으로부터 자전거를 타고 학교에 오지 말라는 처분을 받았다. 여교사들은 항의했지만 여교장은 철회하지 않겠다는 뜻을 분명히 밝혔다. 교육청에서 근무하는 라이머라는 이름의 한 남성이 신문에 그 사건에 관해 의견을 피력했는데, 그의 말을 살펴보면 금지의 진짜 이유를 알 수 있다.

여자가 자전거를 타는 것은 옳지 않다. 여자라면 당연히 치마를 입어야 한다. 지금 우리가 그들을 막지 않는다면 모든 여자가 뉴욕 여성 스타일대로 자전거를 타고 블루머를 입으려고 할 것이다. 여교사들이 블루머를 입고 아이들 사이를 오간다면 우리 학급의 꼴이 어찌되겠는가? 그러다가 아예 남자 바지를 입고 다닐지도 모른다. 그 사달이 나기 전에 얼른 나서 단호히 막아야 한다.

훗날 제2차 세계대전이 끝난 후에 《라트슈포르트Radsport》에 실린 추억담을 읽어보면 당시의 실상을 더 확실히 알 수 있다.

1895년 독일 오스나브뤼크에 사는 한 여교사가 영국에서 자전거를 가지고 왔다. …… 아직 백페달은 없었지만 브레이크가 튼튼했고 가격이 350금마르크였다. …… 하지만 자전거를 타고 고향의 도로를 활보한 그녀는 한 걸음 더, 솔직히 말하면 너무 멀리 가버렸다. …… 그녀는 치마를 벗어던지고 펌프 바지를 입고서 우아하게 달렸지만 행인들의 박수갈채는 받지 못했다. 그곳 여성들이 놀라서 충격에 빠졌기 때문이다. 결국 그녀는 트리어로 전근되었는데, 그곳의 상황은 더 심각했다. 그녀가 펌프 바지를 입고 트리어 시내 중심부에 있는 로마 시대의 성벽 문인 포르타 니그라를 빙빙 돌 때면 장학관이 놀라 소스라치는 차원을 넘어 사람들이 대놓고 돌을 던졌다.

그녀가 프랑스 파리로 떠났다가 더 먼 남아프리카까지 가버린 것이 그 사건 때문이었는지, 아니면 개인적인 이유가 더 있었는지는 알려져 있지 않다.

그러니까 당시엔 남녀를 불문하고 모든 사람이 바지를 입은 여성을 보면 여성성이 사라질 것이라고 걱정을 했던 것 같다. 하지만 아말리에 로타는 그런 생각을 정면으로 반박했다.

여자도 남자와 똑같이 다리가 두 개다. 그리고 그 다리를─특히 자전거를 탈 때는─남자와 똑같은 방식으로 이용하기 때문에 실용적으로, 다시 말해 두 다리를 하나의 옷에 넣지 않고 다리 한 짝씩 따로따로 집어넣는 것이 마땅하다. 양쪽 팔을 한 소매에 집어넣겠다고 생각하는 사람이 어디 있는가? 그건 예절에 어긋난다. 바로 그거다. 그런데 왜 다리는 옷 하나에 다 집어넣어도 예절에 어긋나지 않을까?

그녀는 자전거를 탈 때 니커보커스를 입었지만 치마를 가지고 다니다가 호텔에 도착하면 바지 위에 덧입었다. 속옷에 대한 그녀의 비판은 겉옷보다도 훨씬 더 신랄했다.

반드시 헛간에 던져버려야 할 것이 있다면 첫째가 코르셋이다. 자전거를 타려면 숨을 자주 깊게 쉬어야 하는데 그러려면 흉곽이 확장되어야 한다. 갑옷에 들어간 불행한 흉곽이 어떻게 확장되겠는가? 이 문제라면 더 이상의 말이 필요치 않다. 이 지옥 같은 고문 도구를 비판하는 마음은 자전거를 타든 안 타든 이성적인 여성이라면 모두가 같을 것이다. …… 하지만 진정한 자유와 행복은 상체를 전혀 옥죄지 않아야만 가능하다. 개인적으로는 아무리 헐렁하다고 해도 브래지어를 아예 하지 않을 때와 했을 때 실력 차이가 확연하다.

그녀가 말한 몸을 옥죄지 않는 브래지어가 그 시절의 발명품이었으니, 그것 역시 자전거 기술이 선사한 성과로 생각해도 무방할 것이다. 그러나 바지 패션은 20세기 초를 넘기지 못했던 것 같다. 《라이딩 핸드북》의 저자는 이렇게 말했다. "펌프 바지가 가장 바람직한 자전거 복장이었을 테지만 뜻밖에도 살아남지 못하고 다시 종적을 감추어버렸다." 디바이디드 스커트도 마찬가지였다. 그 대신 뒤쪽 한가운데에 두 개의 깊은 주름을 넣은 소박하고 폭이 적당하며 발이 드러나는 치마가 유행했다. 그러니까 결국 관습과 숙녀용 자전거가 승리를 거둔 것이다.

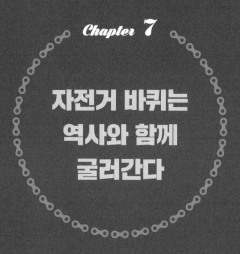

Chapter 7

자전거 바퀴는 역사와 함께 굴러간다

"자전거를 이용해 오일 쇼크를 극복합시다!"

인기는 줄어도 개량은 계속된다

1900년부터는 누구나 부담 없이 구매할 수 있을 만큼 자전거 가격이 내렸다. 하지만 인기는 예전만 못했는데, 그 같은 사실은 자전거 관련 책자 형태만 살펴보아도 잘 알 수 있다. 엄청나게 무겁고 두꺼웠던 자전거 안내서는 100그램 무게에 담뱃갑만 한 크기의 핸드북 형태로 줄어들었다. 어지러울 정도로 빠른 기술 발전의 틈바구니에서 자전거는 병따개만큼이나 주목을 끌지 못하는 가재도구로 전락한 것이다. 누가 병따개를 위해 클럽을 결성하고 책을 사겠는가?

20세기가 되자 남자들은 모터사이클로 눈을 돌렸다. 모터가 장착된 세 바퀴 부아트레Voiturette나 네 바퀴 자동차는 당연히 가격이 비쌌지만, 그럼에도 큰 인기를 모았다. 자전거 신문들도 이런 상황에 발맞추어 잡지 이름에 '자동차'를 집어넣기 시작했다. 예를 들어 만하임에서 발행되던 잡지《자전거 관광객Radtourist》은 부록으로 〈자동차 운전자Der Automobilist〉를 끼워 넣다가 결국에는 아예《자전거 관광객과 자동차 운전자Der Radtourist und der Automobilist》로 이름을 바꾸었다.

그래도 자전거 기술 개량은 멈추지 않고 계속되었다. 당시만 해도 페달 크랭크는 체인을 통해 뒷바퀴와 단단히 연결되어 있었다. 그래서 자전거를 밀면 페달 크랭크도 따라서 같이 돌았다. 지금처럼 자전거를 탈 때 페달을 아래쪽에 두고 그 위로 올라설 수가 없었다. 그래서 자전거를 밀면서 안장으로 풀쩍 뛰어 올라 돌아가는 페달을 발로 찾아야 했다. 숙녀용 자전거는 앞바퀴 오른쪽에 페달이 있어서 긴 치마를 입고도 탈 수 있었다. 다리를 움직이지 않고 자전거를 굴러가게 하려면 앞바퀴 포크에 붙은 양쪽 페달에 발을 올려놓고 있어야 했다.

물론 페달이 붙어 있지 않은 모델도 있었다. 뒷바퀴와 페달 크랭크가 딱 붙어 있었기 때문에 도로 상태가 운전자에게 고스란히 전달되었고 발로 밀어서 페달의 회전 속도를 줄일 수 있었다. 그래서 자전거는 오랜 시간 브레이크가 없었다. 하지만 내리막길을 달리기 위해 별도로 브레이크를 구매할 수 있었다. 앞바퀴에 장착하는 답면 브레이크나 앞과 뒤에 장착하는 림 브레이크였다. 림 브레이크는 런던에 사는 아일랜드 기자 어네스트 M. 보우든Ernest M. Bowden이 제작했다. 용감한 사람들은 핸들에 다리를 올려놓고 내리막길을 달렸다. 하지만 빙빙 돌아가는 페달에 다시 발을 올려놓기란 불가능에 가까웠다. 그래서 체인이 부러지는 등 비상사태가 발생하면 신발로 앞바퀴 타이어를 누르는 수밖에 없었다. 보우든은 보우든 케이블Bowden cable, 즉 휘어지기는 하지만 압축은 불가능한 피복을 입힌 와이어선도 발명했다. 그 와이어선은 지금까지도 자전거 브레이크와 기어에 사용되고 있다.

1890년대 중반에 공기 타이어가 도입되면서 라이더가 페달을 계속 밟을 필요가 없어졌다. 그래서 영국에서는 뒷바퀴 허브에 프리휠이 장착되었다. 덕분에 지금처럼 페달을 계속 움직이지 않고 그 위에 발을 가만히 올려놓고도 자전거를 탈 수 있게 되었다. 프리휠이 도입되어 페달을 구르는 것으로 속도를 줄일 수가 없게 되자 브레이크의 필요성이 대두되었다. '뒷바퀴 허브 안에 브레이크를 숨겨서 페달을 반대로 돌릴 수 있을까?'

이 같은 고민의 결과로 1898년에 프리휠과 함께 장착한 백페달 브레이크가 개발되었고, 미국의 뉴 디파처 컴퍼니 New Departure Company가 약간의 개량을 거쳐 이 제품을 1970년대까지 생산했다. 그러니까 미국이 한발 앞서갔던 것이다. 그래서 1903년부터 요한 모들러Johann Modler의 설계대로 프리휠 백페달 브레이크를 생산한 바이에른주 슈바인푸르트의 볼 베어링 생산 기업인 피히텔 운트 작스Fichtel & Sachs는 미국에 300만 제국마르크의 특허료를 지불했다. 백페달 허브는 기적의 잠수함 무기인 어뢰 토르페도Torpedo의 이름을 땄는데, 특허권은 회사에 있었다. 개발자인 모들러가 2퍼센트의 지분을 요구했지만 거절당하자 아샤펜부르크로 가서 기계 공장을 차렸고, 그 기업은 지금까지도 남아 있다. 토르페도 허브는 실제로도 '기적의 무기'임을 입증하여 1977년 생산을 종료할 때까지 총 2억 8,000만 개의 제품이 팔려나갔다. 이 제품은 다른 제작사의 경쟁 제품과 힘을 합해 독일어권과 네덜란드에 백페달 브레이크 문화를 열었다.

반면, 영국과 영연방, 이탈리아에서는 백페달 브레이크가 없는 프리휠 허브가 대세였다. 그래서 프랑스에서 독일로 온 교환 학생들이 호스트 가정의 독일산 자전거를 타다가 장난삼아 백페달을 밟는 통에 자전거에서 떨어져 다치는 일이 잦았다. 그들에게는 아마 큰 문화 충격이었을 것이다.

리옹 남서부의 무기 도시이자 자전거 도시인 생테티엔에서는 '자전거의 사도'라 불리던 벨로시오Vélocio, 일명 폴 드 비비Paul de Vivie를 중심으로 산악 지대와 장거리 구간을 달리는 라이딩 운동이 일어났다. 폴 드 비비는 투어링 클럽 드

프랑스Touring Club de France를 창설하고, 잡지《르 시클리스트Le Cycliste》를 발행해서 자전거 기어 전동 장치 개발을 호소했다. 이를 위해 클럽은 1902년에 자전거 대회를 개최했는데, 독일 네카르줄름의 자전거 공장들도 자전거의 프레임과 크랭크축을 연결시켜주는 부분인 보텀 브래킷에 2단 변속 장치를 장착한 '바리안트Variand'를 이 대회에 출전시켰다.

하지만 승리는 오리지널 프랑스식 '레트로 디렉테Rétro Directe'에 돌아갔다. 지역 공장 마뉘프랑스의 자전거 '이론델Hirondelle'(제비)을 비롯한 여러 제품들에서 사용했던 2단 기어 시스템이었다. 뒷바퀴에 크기가 다른 두 개의 피니언이 나란히 있었는데 작은 것의 프리휠이 큰 것과 반대 방향이었다. 두 개의 롤러를 거치며 우회를 하기 때문에 체인은 큰 바퀴를 시계 방향으로 돌리고 작은 바퀴를 반대 방향으로 돌리는 식으로 움직였다. 그래서 정상적으로 페달을 밟으면 큰 피니언이 구동되고 작은 것은 프리휠링으로 넘어갔다. 하지만 거꾸로 밟으면 체인이 작은 피니언을 구동시키기 때문에 큰 것이 프리휠링되었다. 그러니까 뒤로 밟아서 더 속력을 낼 수가 있었던 것이다. '이론델'은 단종된 후에도 오래도록 사람들의 집단의식에 남아 있었다. 그래서 제2차 세계대전 후 백페달이 없는 스터메이-아처Sturmey-Archer 사의 기어 자전거만 공급되었을 때도 젊은이들이 속도를 즐기기 위해 예전에 레트로 디렉테를 탈 때처럼 페달을 거꾸로 밟아댔다. 턱

턱턱 울리는 페달 소리도 흥을 제대로 돋우어주었다.

유성 기어Planetengetriebe는 한가운데 태양처럼 자전하는 선 기어가 있고 그 주위를 세 개의 작은 기어가 돌기 때문에 그 같은 이름이 붙었다. 그 유성 기어를 뒷바퀴 허브 안에 완전히 숨기는 것이 윌리엄 라일리William Reilly의 목표였다. 첫 번째 특허를 받고 난 후인 1898년부터 이 2단 허브는 '더 허브The Hub'라는 딱 어울리는 이름으로 제작되었다. 3단 허브는 계약 조건 탓에 라일리의 이름으로 특허를 낼 수 없었으므로 동료인 제임스 아처James Archer의 이름으로 특허 신청을 했다.

이 3단 프리휠 허브는 1902년부터 새로 생긴 기업 스터메이-아처에서 제작되었지만, 알고 보면 그 기업도 라일리의 소유였다. 하지만 라일리는 그 사실을 숨겼는데, 다른 자전거 제작사들이 허브기어를 자신들의 경쟁자한테서 구입한다고 생각하면 기분 나빠할 것이기 때문이었다. 피히텔 운트 작스는 2단 백페달을 출시했고, 얼마 지나지 않아 3단 백페달까지 들고 나왔다. 1912년에는 한 걸음 더 나아가 4단 기어와 백페달 브레이크를 장착한 '토르페도 유니버설Torpedo-Universal'까지 등장했다.

프랑스에서는 체인기어가 자리를 잡았다. 작은 변속기를 이용해 체인을 한 피니언에서 다음 피니언으로 넘기는 시스템이었다. 프랑스, 이탈리아, 스페인은 체인기어가 확고하게 자리를 잡은 반면, 미국, 영국, 네덜란드, 독일에서는 허브기어가 대세였고 덕분에 밀폐된 체인 케이스가 옷감의 손상을 막아주었다.

제자리에 멈춰버린 자전거 경주

자전거 경주 대회는 여전히 많은 나라에서 열렸다. 하지만 그냥 편하고 재미있게 타면 되지 굳이 왜 자전거마저 스트레스로 만드는지 도무지 이해할 수 없다는 일반인들의 원성도 자자했다. 특히 난이도를 높이기 위해 대회 관계자들이 자전거가 지나갈 논밭을 경주 직전에 갈아엎는 크로스 경주는 심한 비난에 시달렸다. 자전거 투어를 즐기던 작가 프리드리히 칼렌베르크Friedrich Kallenberg의 말을 들어보자.

경주에 대한 열의가 자전거 스포츠의 건강하고 실용적인 측면을 독초처럼 뒤덮어버렸다. 전문 잡지들은 중앙아프리카의 위도와 경도 도표라도 만들 요량인지 최신 기록을 성실하게 적어 알리고 자전거 회사들의 광고도 이 수치에 목을 맨다. 저들은 놀라운 수치와 번지르르한 '상표' 자랑과 선수에 대한 찬양가만 온 세상에 뿜어대면 자전거 스포츠를 일으켜 세워야 할 자신들의 임무를 다하는 것이라 믿는다.

작가 에두아르트 베르츠는 좀더 실용적으로 접근한다.

유명 자전거 선수가 심장병 때문에 군 면제를 받는 사례가 적지
않다. 우리는 조국을 지켜야 할 젊은이들을 상업 스포츠의 제물
로 바치고 싶지 않다.

1909년 베를린에서 모터사이클 뒤를 따라 자전거가 달
리는 방식의 경주인 모터 페이스트 레이싱motor-paced racing 경
기에서 사고가 발생해 관중 9명이 사망하자 비난은 더욱 거
세졌다.

하지만 소용없었다. 자전거 경주는 업계마저 바꿔놓았
다. 은퇴한 프로 선수들이 자전거 거래상으로 직업을 바꾸
면서 무엇보다 기술을 우선으로 여기던 재봉틀 업계의 기계
공들을 몰아냈다. 국제 사이클 연맹UCI은 1900년부터 자전거
규격화에 돌입했다. 선수들의 실력을 비교하려면 규격화가
시급했던 것이다. 제작사 입장에서도 공정 합리화가 가능하
므로 규격화를 반겼다. 1단 기어는 '불공정 이점'으로 취급
해 금지했다. 이런 비정상적인 생각들이 전직 프로 선수들의
손을 잡고 자전거 거래 업계로 밀려들어왔다.

자전거를 타고 출퇴근을 하는 일반인들은 그런 '불공정
이점'을 원했지만, 업계는 구매자의 시장으로 전락하고 말았
고 제작사는 제일 먼저 주문을 하고 돈을 내는 사람들, 즉 자

전거 거래상의 의중에만 신경을 썼다. 그래서 라일리의 밀폐 체인 케이스는 지금까지도 희망사항으로만 남았다. 체인 케이스가 있으면 뒷바퀴를 빠르게 분해할 수가 없었기 때문이다. 이용자들이 옷이 상할까 봐 광대처럼 바짓단을 둘둘 걷어야 했지만 불평해봤자 돌아오는 대답은 자전거 개량은 완벽하다는 말뿐이었다. 이렇게 자전거 경주가 한 발도 앞으로 나가지 못하고 멈추어 있는 사이, 자동차 경주는 계속해서 포퓰러를 바꾸어가면서 기술적 창의력을 키워나갔다.

한 달 동안 전 국토를 돌며 단계적으로 경주를 하는 '투르 드 프랑스Tour de France'의 탄생에는 고도로 정치적인 의도가 깔려 있었다. 1894년 유대인 장교 알프레드 드레퓌스Alfred Dreyfus가 반역죄로 체포되자 프랑스는 둘로 갈렸다. 그의 무죄를 확신하는 사람들은 스스로를 드레퓌스 파로 불렀는데, 프랑스의 선도적인 스포츠 신문 《르 벨로Le Vélo》의 편집장이 드레퓌스 파임을 고백했다.

그러자 반대파인 기업가 드 디옹 부통de Dion Bouton 백작과 아돌프 클레망Adolphe Clément이 비정치적 신문 《로토 벨로L'Auto-Vélo》를 창간하며 트래킹 사이클 선수이자 운영자인 앙리 데스그랑쥬Henry Desgrange를 편집장으로 선임했다. 그들은 《르 벨로》의 독자와 광고를 빼앗아 드레퓌스 파를 망칠 궁리를 했지만, 1900년대 초만 해도 《르 벨로》에 비해 현격하게 발행 부수가 적었다. 그래서 저조한 판매를 타개하기 위해 비상

'투르 드 프랑스' 첫 대회

잡지 《로토 벨로》의 후원으로 1903년 자전거 경주 '투르 드 프랑스'
첫 대회가 열렸다. 7월 1일부터 19일까지 몽즈롱에서 파리로 이어
지는 2,428킬로미터가 넘는 여섯 구간을 달렸고, 최초의 우승은 모
리스 가린Maurice Garin이 차지했다.

대책 회의를 열었고, 이 자리에서 자전거 경주 '투르 드 프랑스' 아이디어가 나왔다.

실제로 1903년 첫 대회가 열린 후 판매 부수는 2만 5,000부에서 6만 5,000부로 크게 늘었다. 이제《로토 벨로》의 기자들은 편안한 편집실 소파에 앉아 투르의 루트와 난이도를 고민하는 게 일이었다. 한번은 난이도가 너무 높아서 참가자들이 "살인자! 살인자!"를 외치며 파업을 벌이기도 했다. 1904년부터는 아마추어용 장거리 시간 제한 비경쟁 라이딩인 '아우닥스Audax'도 생겨났다.

전쟁에 투입되다

유럽에서는 일찍부터 자전거를 군에 투입했다. 이탈리아, 프랑스, 영국이 선두 주자였지만, 접어서 배낭에 넣고 다니는 접이식 자전거는 프랑스에서만 반향을 일으켰다. 독일에서는 하인리히 클라이어Heinrich Kleyer가 1880년대부터 프로이센 전쟁부에 납품 신청을 해서 1887년에 처음으로 주문과 교습 의뢰를 받았다. 이에 1892년 오스트리아 기병대 250명이 빈에서 베를린까지 장거리 경주를 실시해 말의 우월성을 과시하고자 했다. 우승자는 71시간 35분 만에 목적지에 도착했고 그의 말과 다른 30마리 말은 탈진해서 숨을 거두었다.

전쟁에 투입된 자전거

제1차 세계대전 당시 접이식 자전거를 등에 지고 걷고 있는 이탈리 아 저격병. 자전거는 전쟁에서 여러모로 쓸모가 많았다. 특히 소리 를 내지 않았으므로 정찰병과 전령들이 많이 사용했다.

더 정확하게 말하면 안락사(사살함)를 시켰다.

그러자 이번에는 독일 라이더 연맹이 같은 구간의 원거리 경주를 공고했다. 당연히 자전거의 우월함을 입증하겠다는 것이 목표였다. 우승자는 절반도 안 되는 시간인 31시간 만에 583킬로미터를 주파했다. 게다가 자전거를 사살할 필요도 없었다. 결국 마지막까지 자전거 도입을 반대하던 사람들도 손을 들었고 전쟁부 장관도 자전거의 도입 필요성을 인정했다.

독일군은 대형 자전거 제조사 모두에게서 납품을 받았다. 사냥총을 실어 나를 수 있는 사냥꾼용 기종도 이미 선을 보인 상태였다. 고장을 겁내서 통고무 타이어를 고집한 바이에른 왕국만 빼면 군에 납품한 모든 자전거는 공기 타이어를 장착했다. 고무는 전쟁에 꼭 필요한 물자였으므로 일반인들이 타는 자전거는 코일 스프링을 써서 림을 보강하는 식으로 다른 대안을 모색했다. 제1차 세계대전 때는 약 25만대의 자전거가 양쪽 전선에 투입되었다. 위생병의 경우 들것으로 두 대의 자전거를 앞뒤로 연결해 환자를 이송했다. 가스전 때는 자전거 튜브 가방에 작은 실험실을 설치해서 공기가 다시 괜찮아졌는지 확인했다. 자전거는 소리를 내지 않았으므로 특히 정찰병과 전령들이 많이 이용했다. 바이에른 연대에는 자전거를 타고 다닌 아주 특별한 전령이 있었다. 세계사를 뒤흔든 화가 아돌프 히틀러였다.

제1차 세계대전이 끝나고

제1차 세계대전이 끝나자 군수공장들이 일거리를 잃었다. 제2차 세계대전 때와 달리 당시에는 폭격을 당하지 않아 공장들이 무사했다. 그 공장을 돌려 일자리를 확보하려면 신제품이 필요했다. 모두의 노력으로 창의적 기술이 꽃을 피웠던 시기였다. 베를린의 다임러 모터 회사는 메르세데스 자전거 제작에 전념했다. 다들 아는 것처럼, 헤드셋에 별을 단 그 자전거였다. 당시의 사내 건의서를 보면 자전거에 쏟아진 관심을 짐작할 수 있다.

실제로 자전거는 현재는 물론이고 미래에도 자동차 기업의 이윤을 창출할 수 있는 최고의 품목이다. 그러나 지금과 마찬가지로 2년 후에도 독일 자전거 기업들은 국내 시장을 만족시킬 수 없을 것이다. 납품까지 6개월이나 걸리기 때문이다. 해외 수출은 꿈도 꾸지 못할 수준이다.

슈투트가르트의 로베르트 보쉬Robert Bosch 사는 아세틸렌등을 대신할 자전거 헤드라이트와 다이너모, 모터사이클 전기 장치를 생산했다. 그라데 항공기 제작소Grade-Flugzeugwerke는 바퀴를 구동해 자전거를 미는 자전거 사이드카 보조 엔진을 개발했다. 푸조 자전거 공장Peugeot-Fahrradwerke은 플라잉 바이시클 경주를 후원했다. 하지만 처음의 시대와 달리 아직은 기술력이 부족했으므로 대회의 요구 사항도 시간이 갈수록 줄어들어 결국 도움닫기, 뛰어오르기로 승부를 가렸다. 폴 맥크리디Paul MacCready의 인간 동력 비행기가 도버 해협을 건너려면, 아직 50년 이상이나 남아 있었던 때였다.

인플레이션이 지나간 후 1920년대에는 베를린 체육 궁전Berlin Sportpalast에서 열린 6일 경주가 국민 축제에 버금가는 대형 행사로 성장했다. 스포츠와 영화 관계자들이 비싼 특별석에 모습을 드러냈고, 소시민들도 좋은 자리를 차지하기 위해 기꺼이 돈을 지불했다. 좌석은 6일 동안 마음대로 들락거릴 수가 있었는데, 경기가 계속 반복되었기 때문에 놓친 경기를 아쉬워할 일도 별로 없었다. 사이사이 단거리 경주와 특별상도 많았다. 경쟁하는 2인조 팀의 2인 주자가 교대를 해가면서 달렸다. 한 사람이 달리는 동안 나머지는 휴식 공간에 들어가서 쉴 수 있었다. 베를린 6일 경주는 1934년에 중단되었다. 나치가 체육 궁전을 선전에 활용했기 때문이다. 선전부 장관 괴벨스는 그곳에서 그 유명한 질문을 던졌다. "전면전을 원하는가?"

1918년 독일이 제1차 세계대전에서 항복한 후 프리드리히스하펜 지역의 체펠린 공장Zeppelinwerft은 호황을 누렸다. 미국에 보내는 배상품으로 민간용 체펠린(20세기 초 독일의 페르디난트 폰 체펠린과 후고 에케너가 개발한 경식 비행선 - 옮긴이)을 제작할 수 있었기 때문이다. 체펠린 기술자 파울 야라이^{Paul} ^{Jaray}는 아이들이 자전거를 배울 나이가 되자 기존의 자전거 콘셉트에 의문을 품기 시작했다. 페달 크랭크는 한 번 돌 때 마다 페달이 제일 높은 위치로 오면 앞으로도 뒤로도 밟을 수가 있는 사점이 이른바 두 번씩 발생했다. 이때 뒤로 밟으 면 백페달 브레이크 때문에 뒷바퀴 멈춤 현상이 발생해 매 우 위험했다. 자전거 운전자는 '스무스한 페달링'으로 크랭 크가 계속 돌아가게 애써야 했다.

야라이가 내놓은 해결책은 페달 레버였다. 사점 문제가 전혀 없는 인체 공학적 안장이 출시되었고 오르막길에서 매 우 유리했다. 슈투트가르트의 헤스페루스^{Hesperus} 사가 300대 를 제작해서 특히 네덜란드에 수출을 많이 했다. 돈이 많은 의사나 교사가 주 고객층이었지만, 소재 결함에 따른 치명적 사고로 생산이 중단되고 말았다.

시카고에서는 바덴에서 온 독일 이민자 이그나츠 슈빈 ^{Ignaz Schwinn}이 고기 통조림 공장주 아돌프 아르놀트^{Adolf Arnold} 와 함께 1895년 자전거 공장을 세웠다. 이들은 20세기에 접어 들어서도 열심히 노력해서 모터사이클 '엑셀시오르 ^{Excelsior}'를 제작하기 시작했다. 1920년대가 되자 자전거 제작 사에 남은 유일한 타깃 고객층은 자기 아버지처럼 모터사이 클이 갖고 싶은 미국 청소년들뿐이었다. 초대 공장주의 아들 프랑크 W. 슈빈^{Frank W. Schwinn}은 그 수요에 부응해 가짜 벤진

탱크(클랙슨이나 라디오 배터리가 들어 있는 경우도 있었다)와 앞바퀴 서스펜션을 장착한 유선형 자체의 자전거를 개발했다.

또 독일을 방문해서 폭이 넓은 저압 타이어를 보고 온 후에는 공기를 많이 넣지 않아도 승차감이 좋은 저압 타이어 방식을 차용했다. 다른 제작사들도 그의 뒤를 쫓아서 다양한 종류의 가짜 모터사이클을 선보였다. 그중 한 사람인 호러스 허프먼Horace Huffman은 자사의 허피Huffy 청소년용 자전거를 이렇게 광고했다. "젊은이들이 저렴하게 자전거를 타며 돈을 벌 수 있다." 이 자전거를 타고 아침에 신문 배달을 해서 용돈을 벌 수 있었기 때문이다. 하지만 표준 방식의 이런 변종이 세기말에 이르러 최고의 혁신 기술을 탄생시킨 기반이 될 줄이야 누가 감히 상상이나 했겠는가? 그 결과물이 바로 산악자전거였다.

산을 오르거나 누워서 달리거나

1920년부터 샤를 모셰Charles Mochet가 프랑스 파리의 퓌토에서 사이클 카Cyclecars를 제작했다. 와이어 스포크 휠과 벤진 모터를 장착한 가벼운 2인승 자전거였다. 아들을 위해 페달로 구동하는 미니 자동차를 제작했다가 불현듯 성인용으로도 제작하면 어떨까 하는 생각이 들어서 만든 것이었다. 모셰의 이 '벨로카Vélocar'는 대성공을 거두어 1925년부터 1944년까지 약 6,000대를 제작했다. 바퀴가 네 개인 것도 있고 세 개인 것도 있었다. 모터사이클 가격이었지만 당연히 면세였고 기름 값이 들지 않았으며 비바람의 영향을 받지 않았다. 그런데 그 기종으로 실내 경주 경기를 개최하려던 중 급커브 구간에서 핸들링에 문제점이 발견되었고, 이에 모셰는 리컴번트 자전거Recumbent Bicycle(누워서 타는 자전거)를 제작해 '벨로-벨로카Vélo-Vélocar'라는 이름을 붙였다.

규격에 맞는다는 국제 사이클 연맹의 인정을 받은 후 이듬해 프란시스 포레Francis Faure라는 이름의 경주 선수가 그 기종을 타고 경기에 출전해 50, 10, 20, 30, 40, 50킬로미터 및 1시간과 30분 경기에서 모든 기록을 깨뜨려버렸다. 이에 연맹은 급히 위원회를 소집해서 자전거가 무엇인지 정의를 내렸다. 모든 면에서 우월한 리컴번트 자전거를 경주에서 제외하기 위한 목적이었다. 이런 고리타분한 발상은 결국 모셰가 만든 필생의 작품을 망쳤고, 모셰는 그 직후 세상을 떠났다. 제1차 세계대전이 끝난 후에야 미국에서 인간 동력 차량 협회Human Powered Vihicle Associaion가 탄생해 자체적으로 경주 대회를 열었다. 그 대회에는 아마추어 기술자와 대학생들이 참가해 신기술을 마음껏 시험했다. 모셰의 기술을 주로 참조한 리컴번트 자전거가 다시 기지개를 켤 수 있게 된 것이다.

나치와 자전거

1933년 나치가 권력을 장악하자 스포츠 단체들 역시 어용화되고 말았다. 노동자 라이더 연맹이 해체되었고, 거기서 운영하던 자전거 및 모터사이클 공장과 판매장은 몰수되었으며, 노동자와 직원들도 해고당했다. 아울러 6일 경주도 폐지되었다. 1934년의 독일 월드컵과 1936년의 올림픽 같은 대형 행사는 모두 나치 선전에 이용되었다. 도르트문트 출신의 구스타프 킬리안Gustav Kilian과 하인츠 포펠Heinz Vopel은 미국으로 건너가 6일 경주에 출전해 30회 가까이 우승을 했다. 《푈키셔 베오바흐터Voelkischer Beobachter》(1920년부터 발행된 국가사회주의독일노동자당의 기관지로, '민족의 관찰자'라는 뜻이다. 원래는 나치당과 상관없는 뮌헨의 작은 신문이었으나, 아돌프 히틀러가 인수해 당 기관지로 성격을 바꾸었다. - 옮긴이)는 이런 기사를 실었다.

> 그들은 진정한 조국의 기수가 되었다. 그들의 휴식용 침상 위에서는 상상의 동물을 그린 울긋불긋한 문장 대신 하켄크로이츠 깃발이 펄럭인다. 그래서 위대한 이 두 선수가 깃발을 꽂고 경기장을 일주할 때면 사납게 고함을 지르며 난동을 부리던 관중들까지 쥐죽은 듯 조용해진다.

그 악명 높은 '아리안 조항'이 가결되기 전부터 이미 나치의 노선을 따르지 않는 운동선수들은 박해를 받았다. 사이클 세계 챔피언이자 반나치주의자였던 알베르트 리히터 Albert Richter는 외국 경기에 출전해 하켄크로이츠 대신 예전 독일 제국의 문장을 달았다. 신변의 위협을 느낀 그는 스위스로 도주하려 했지만 결국 체포되어 암살당했다. 물론 공식적으로는 감옥에서 자살한 것으로 기록됐다.

세계 경제 위기가 끝나자 자전거 기업도 호황을 되찾았다. 나치가 국가 경제를 위해 수입을 규제했기 때문이기도 했다. 오펠Opel 사는 1936년 한 해에만 12만 대의 자전거를 컨베이어 벨트에서 제작했다. 전년도에 이미 독일 자전거 기업 전체가 제작한 자전거 대수가 220만 대에 이르렀다. 오펠이 제너럴 모터사로 매각되면서 자전거 부문은 NSU AG로 넘어갔고, 이 회사는 1938년 한 해 동안 모터사이클을 포함하여 20만 대에 이르는 제품을 제작해 세계 최고의 두 바퀴 제작사로 성장했다. 더구나 아들러Adler, 브렌아보어Brennabor, 바스마르크Bismarck, 슈타디온Stadion, 반데러Wanderer 같은 상표의 자전거에는 신기술이 들어 있었다. 보텀 브래킷에 장착한 2단(아들러는 3단) 기어 장치였다. 3단 기어의 경우 1950년까지도 생산되었다.

제2차 세계대전에도 자전거가 투입되었다. 영국 낙하산 부대가 접이식 자전거를 이용했다. 캐나다와 영국의 상륙정에 침공 전날 자전거를 실었다. 독일군은 도망치면서 네덜란드 민간인들의 자전거를 징집했는데, 쓰고 나서는 길가에 아무렇게나 던져버렸다. 그때부터 네덜란드 사람들은 걸핏하면 독일인들에게 이런 농담을 던진다. "내 자전거 돌려줘!"

세계대전 그 후

전쟁이 끝나고 물자가 부족하자 먹을 것을 구하기 위해 직접 농촌으로 달려가는 가정이 많았다. 당연히 자전거를 많이 이용했다. 그래서일까? 사람들은 오랜 세월 자전거를 보면 수치심을 느꼈다. 자전거를 보면 구걸하러 다니던 그 시절이 자꾸 떠올랐기 때문이다. 그래서 자동차를 사자마자 자전거는 얼른 없애버렸다. 화폐 개혁이 실시된 후 다시 자전거 제작이 시작되었지만 싸구려가 대부분이었고, 심지어 백화점 미끼 상품으로 쓰이기도 했다.

이런 부정적인 이미지가 널리 퍼지면서 혼자서 대부분의 부품을 제작하던 품질 좋은 브랜드 자전거는 서서히 자취를 감추었다. 도매상들이 몇 사람을 고용해 싼 부품을 사들여 조립해서는 얼토당토않게 브랜드 자전거라고 광고를 해댔다. 이런 와중에 1948~1949년 소련이 베를린을 봉쇄했다. 제2차 세계대전 후 서방 국가들이 서베를린에 대해 가진 모든 권리를 포기하도록 만들려는 목적이었다. 1957년 베를린 시의회는 러시아의 2차 봉쇄를 우려해서 180일분의 기초 생활 필수품을 저장하기로 결정했다. 그 '시의회 비축품'에는 자전거도 포함되었기 때문에 대량 주문이 발생했다. 1989년 독일이 통일된 후 이 조치가 해제되자 저장해 두었던 5,000대의 NSU나 팬터 자전거가 할인 가격에 주인을 찾았다.

서스펜션을 도입하다

1956년에는 제2차 중동 전쟁으로 유가가 치솟자 영국 온천 휴양도시 배스에서 알렉스 몰턴Alex Moulton이라는 기술자가 소형차인 모리스 미니의 고무 서스펜션(노면의 충격이 탑승자에게 전달되지 않도록 충격을 흡수하는 장치 – 옮긴이)을 자전거에 활용하자는 아이디어를 냈다. 몰턴이 살던 집에서 에이번강을 건너면 바로 같은 이름의 타이어 회사가 있었는데, 그가 아버지의 고무 공장을 물려받아 만든 회사였다. 물론 사이클 선수들은 자전거 서스펜션에 회의적인 반응을 보였다. 몇 밀리와트도 그들의 소중한 기록을 꿀꺽 삼켜버릴 수 있어서였다. 하지만 서스펜션이 있으면 바퀴가 줄어들어도 승차감이 좋고 오픈 유니섹스 프레임과 결합하면 조작하기 쉬운 미니 자전거를 만들 수 있었다. 아이디어는 현실이 되었다. 1962년 몰턴 미니Moulton Mini가 탄생했고, 대성공을 거두었다. 빵빵하게 공기를 집어넣은 20촐 크기의 작은 바퀴는 큰 바퀴 못지않게 잘 굴러갔고 서스펜션이 딱딱한 승차감을 완화시켜주었다. 라레이 사와의 협업을 잠시 고민했지만 몰턴은 자신의 우아한 공장에서 직원 몇 명을 거느리고서 2012년 눈을 감을 때까지 자전거를 제작하고 개발했다.

덕분에 전혀 새로운 타입의 자전거가 세상에 나왔지만 업계는 아무 거리낌 없이 복제를 해댔다. 물론 완벽한 복제는 아니었다. 20촐의 바퀴만 그대로였을 뿐 서스펜션도 없었고 공기압도 보통 자전거 바퀴 수준이었다. 당연히 구름 저항이 엄청났다. 게다가 적절하게 크기를 키운 체인링을 장착한 페달 크랭크도 없었기 때문에 변속비가 너무 작아 허둥지둥 페달을 마구 밟아야 했다. 피히텔 운트 작스도 곧 오토매틱스 2단 허브를 출시했다. 바야흐로 20촐 접이식 자전거의 붐이었다. 하지만 인체 공학을 완전히 무시했기 때문에 인기는 금방 식어버렸다. 좋은 모델을 보고도 나쁜 복제품들만 만든 결과였다.

건강과 환경을 생각한다면 자전거를!

배스의 몰턴과 거의 동시에 도시 건축가 에릭 클랙스턴 Eric Claxton은 런던에서 북쪽으로 50킬로미터 떨어진 스티버니지에 뉴타운을 건설했다. 그러면서 처음부터 다른 교통에 방해받지 않고 안전하게 자전거를 탈 수 있는 실질적인 자전거 도로망을 설계했다. 스티버니지의 자전거 도로는 차도에서 분리된 지하도 형태이며, 자전거 타는 사람은 주요 교차점 및 기타 편리한 지점에서 교차할 수 있게 되어 있다. 즉 자전거를 타는 사람들은 자동차에 방해받을 일이 없다.

한편, 대서양 건너 미국에서는 자전거의 이미지가 많이 바뀌었다. 전쟁이 끝나자 프랑스나 벨기에에서 집으로 귀환한 병사들이 폭 좁은 타이어에 체인기어를 단 자전거를 가져왔다. 그것들은 저압 타이어와 백페달 브레이크 허브를 장착한 미국 자전거보다 훨씬 가벼웠다. 1955년 아이젠하워 대통령이 심장병으로 고통을 받자 주치의인 더들리 화이트Dudley White 박사는 자전거 타기를 추천했다. 그는 자전거가 건강에 유익하다는 점을 강조하며 다음과 같이 말했다. "아이젠하워 대통령을 포함해서 우리 다수는 자전거 트레이닝을 많이 하면 기분이 더 좋아진다는 사실을 파악했다."

건강뿐 아니라 환경 의식도 성인용 자전거의 매력을 돋보이게 만들었다. 슈빈까지도 다시 성인용 자전거 제작에 착수했다. 경주용 자전거 방식대로 무게가 가볍고 타이어의 폭이 좁으며 체인기어를 장착한 모델이었다. 덕분에 미국인들은 허리를 쭉 편 자세 대신 앞쪽 핸들 방향으로 몸을 숙인 자세로 자전거를 타게 되었다. 관계 당국에서 이런저런 자전거 도로를 계획했고, 화이트는 자신의 인지도를 활용해 자전거 보급에 앞장섰다.

청소년용 자전거의 인기는 변함이 없었다. 캘리포니아에서 1960년대 초에 몇몇 청년들이 슈빈 사의 저압 타이어 자전거를 튜닝해 핸들을 사슴뿔처럼 높이 올렸다. 거기에 신문 가방을 걸어두면 신문을 꺼내기가 쉬웠다. 여전히 아침 신문 배달은 청소년의 용돈 벌이에 그만이었기 때문이다. 또 뒤로 멀찍이 엉덩이를 빼서 '휠리스Wheelies'(자전거나 오토바이의 앞바퀴 들고 타기 – 옮긴이)라 부르는 멋진 묘기를 선보이는 사이클 폴로 경기 때처럼 등받이가 달린 바나나 안장을 추가했다. 이렇게 하여 하이 라이저High-riser가 탄생했고, 슈빈은 '허피 드래그스터Huffy Dragster'와 동시에 '스팅 레이Sting Ray' 기종을 선보였다. 또 한 번 모터사이클을 모방했는데, 이번에는 그 대상이 할리 데이비슨 사의 '초퍼Chopper'였다. 크롬이 번쩍거리지만 앞바퀴 서스펜션은 가짜였다. 영국 라레이 사의 기종 역시 이름이 '초퍼'였다. 독일의 하이 라이저는 크나켄브뤼크의 키나스트가 제작해 TV 시리즈 이름을 붙인 '보난자Bonanza'였다. 그렇게 하이 라이저는 청소년들 사이에서 최고 10년 정도 글로벌 트렌드가 되었다.

1960년대 말이 되자 캘리포니아에서 새로운 튜닝 프로젝트가 등장했다. 청소년들이 모터사이클을 타는 아버지의 모터크로스 경주를 모방하기 시작한 것이다. 이제 하이 라이저에 모터사이클 핸들, 투박한 타이어, 앞바퀴와 뒷바퀴 양쪽에 붙은 발판이 추가되었다. 부상 방지를 위해 헤드셋과 프레임에 두꺼운 쿠션을 덧댔다. 이번에는 자전거 기업들도 즉각 반응을 보여 튼튼한 BMX 자전거들을 출시하기 시작했다. BMX란 '바이시클 모터크로스Bicycle Motorcross'로, 1974년 캘리포니아 한 곳에서만 이미 13만 대의 BMX 자전거가 돌아다녔다. 그리고 지면이 고르지 않은 파상형의 경주장이 100곳이나 되었다. 이 신형 청소년용 자전거는 약간의 시차를 두고 세계적인 트렌드로 부상했으며, 올림픽 경기 종목으로도 지정되었다.

1973년 오일 쇼크는 사고의 전환을 가져왔다. 언론은 기름 절약을 외치며 기름이 없어도 계속 탈 수 있는 자전거를 타자고 호소했다. 일본에서 수입한 자전거 부품들이 갑자기 먼지 덮인 자전거 가게의 쇼윈도를 채우며 자전거의 기술적 이미지를 드높였다. 1978년에는 전후 처음으로 자전거 관련 서적이 발행되었다. 문고판 《로로로 자전거 교본 rororo Fahrradbuch》은 14만 부가 판매되었다. 이듬해 브레멘에서 물류관리사 얀 테베Jan Tebbe가 전국 독일 자전거 클럽Allgemeine Deutsche Fahrad Club을 결성했다. 독일 자전거 기업들은 쾰른에서 열린 국제 사이클 및 모터 사이클 전시회에서 후진성의 이미지를 벗기 위해 디자이너 루이지 콜라니Luigi Colani의 프로토 타입을 선보였다. 어쨌든 기업가 하인즈 케틀러Heinz Kettler

가 이미 그 전에 신제품을 내놓았는데, 납땜 대신 용접을 해서 매우 합리적으로 제작한 일본풍의 알루미늄 자전거였다. 거래상들이 판매를 거부했지만 그는 카우프호프 백화점 지점의 도움으로 시장에서 자리를 잡았고 결국 고객의 수요에 힘입어 거래상들도 마음을 바꿀 수밖에 없었다. 알루미늄 자전거로 미국을 정복하려던 케틀러의 계획은 시마노 사가 부품을 제때 공급하지 못하는 바람에 무산되고 말았다. 그렇지 않았다면 지금 미국에서는 캐논데일 대신 케틀러가 알루미늄의 선구자로 통했을 것이다.

자전거가 닿지 못할 곳은 없다

그러는 사이 캘리포니아의 청소년들도 나이가 들고 가파른 산길을 타고 내려오는 다운힐 라이딩의 묘미를 알게 되었다. 하지만 자신들이 타는 이미테이션으로는 산을 타고 내려올 수가 없었다. 그래서 전쟁 전에 타던 슈빈 사의 26촐 저압 타이어 자전거를 산악용으로 개조했다. 영국과 프랑스에서도 비슷한 청년 모험가들이 등장했다.

이 위험한 스포츠는 1970년대에 이르자 캘리포니아에서 큰 인기를 끌었다. 당시의 플라워 파워(사랑과 평화, 반전을 부르짖던 1960~1970년대의 청년 문화 – 옮긴이) 세대가 큰 호응을 보였던 것이다. 샌프란시스코의 히피 찰리 켈리^{Charlie Kelly}가 타말파이어스 산 근처의 산길에서 리팩 경주를 시작했다. '리팩^{Repack}'이라는 이름이 붙게 된 경위를 한 기자의 입을 통해 들어보자.

> 이 백페달 브레이크로 산을 내려왔다. 경사가 너무 가팔라서 계속 브레이크를 밟아야 했고 산을 내려오자 허브의 윤활유가 동이 나버렸다. 다 증발해버린 것이다. 그래서 집으로 돌아가 허브에 윤활유를 다시 채워야(to repack) 했다.

그래서 힘이 센 림 브레이크와 체인기어 장치로 바꾸었고 다시 똑바른 자세로 앉을 수 있는 모터사이클 핸들을 장착했다. 하지만 이 '클런커^{Clunker}'는 내구성이 떨어져서 수요가 금방 줄었다. 최초의 리팩 경주는 1976년 10월 21일에 열렸다. 길이 3킬로미터에 고도차가 7,000미터였다. 우승자의 기록은 5시간 12분이었는데 평균 속도가 시속 40킬로미터에 육박했다. 선수들이 헬멧, 작업 장갑, 튼튼한 장화로 중무장을 한 것도 당연했다. 이런 상황에서 경주에 필요한 자전거를 확보할 수 없게 되자 켈리는 존 브리저^{John Breezer}라는 이름의 참가자에게 클런커 프레임을 조금 더 강화한 모델을 제작해달라고 부탁했다.

브리저는 광폭 타이어에 맞는 니켈 프레임을 대당

750달러에 9대 제작해서 '브리저Breezer'라고 이름 붙였다. 당시에도 신형 ATB 자전거를 제작하는 곳은 있었지만 그래도 이 브리저가 최초의 현대식 산악자전거였다. 그해 켈리와 개리 피셔Gary Fisher는 마운틴 바이크스Mountain Bikes라는 이름의 회사를 세웠다. 두 사람은 기술공 톰 리치Tom Ritchey가 수제작한 프레임 자전거를 판매했다. 1980년이 되자 그런 회사가 벌써 세 곳으로 늘어났다. 캘리포니아의 기업 스페셜라이즈드 임포츠Specialized Imports는 '스텀점퍼Stumpjumper'라는 이름의 첫 시리즈 산악자전거를 일본에서 제작했다. 시카고의 기업 슈빈도 신속 대응해 '사이드윈더Sidewinder'를 출시했다.

신형 자전거의 성공은 엄청났고 세계적인 트렌드로 자리 잡았다. 미국인들은 안전하다고 생각되는 산악자전거를 거리에서도 많이 탔다.

그것의 두툼한 타이어는 펑크가 거의 안 났고 도로의 빗물 배수관에 빠지는 일도 없었다. 핸들이 높아서 라이더는 똑바로 앉을 수 있을 뿐 아니라 세상을 더 잘 볼 수 있었다. 모험을 즐기는 사람들이 타라고 만든 자전거지만 오히려 자전거를 타면서 한 번도 마음이 편치 않았던 소심한 사람들에게 더 적합한 자전거였다.

이런 식의 개혁이 가능했던 것은 리패커들이 자전거 협

회에 소속되기를 거부했던 데에도 원인이 있었다. 불공정 이점이니 뭐니 따지는 협회의 간섭을 받지 않고 마음대로 모터사이클 기술을 차용할 수 있었다. 덕분에 지금껏 별개이던 두 문화의 기술이 서로 넘나들 수 있게 되었던 것이다. 독일에서는 슈바벤 지방 우라흐의 마구라Magura 사가 산악자전거의 디스크 브레이크 생산에 착수했다. BMW를 제외하면 모터사이클 제작사들이 전부 아시아에 있었기 때문에 모터사이클용 브레이크 제작 주문이 크게 줄었기 때문이었다. 산악자전거가 널리 보급되면서 옛 기술들이 다시 개량의 도마에 올랐다. 100년 동안 사용되던 앞바퀴 포크 스티어의 헤드 튜브 쬠쇠가 대표적이다. 따라서 조금 더 우수하고 합리적인 제작 시스템이 도입되었고, 그런 시스템은 그 사이 다른 타입의 자전거들까지 널리 적용되었다. 120년 전처럼 자전거를 다시 동력화할 수 있는 길을 연 공은 산악자전거에게 돌아가야 할 것 같다. 물론 이번에는 전기 동력이다. 하지만 그것은 21세기의 역사일 것이다.

아시아를 정복하다

중국은 현재 자전거 1번지로 통하지만, 일본과 비교하면 이런 명성을 얻은 지 얼마 되지 않는다. 1949년 중화인민

공화국이 수립된 이후의 일이었다. 아마도 인력을 이용하는 기존의 수송 방식이 확고히 자리를 잡고 있었기 때문일 것이다. 일본과 중국에는 1874년부터 두 개의 바퀴 위에 사람이 앉는 자리를 만들어 끄는 인력거가 존재했다. 1인승 2륜 마차와 모양은 흡사했지만 말이 아니라 사람이 끈다는 점에서 달랐다. 훗날에는 페달을 밟아서 이동하는 세 바퀴 자전거 형태의 인력거도 등장했다. 더구나 중국에서는 특유의 바퀴달린 수레가 수천 년 전부터 사용되었다. 처음에는 병사들이 군사 장비를 나르기 위해 만들었지만, 나중에는 최대 7명까지 사람을 태우고 짐을 실을 수 있었다. 말하자면 하층민이 이용하는 공용 택시였던 셈이다. 인력을 이용하는 쪽이 더 값쌌기 때문에 다른 교통수단이 필요치 않았다.

1860년대에 유럽의 식민지와 일본에는 파리에서 온 크랭크 벨로시페드가 처음으로 등장했지만, 일본에서 타이어를 장착한 영국식 로우휠 자전거를 직접 제작한 것은 1892년부터였다. 일본의 제작사들은 빠른 속도로 기술을 습득해서 1904년에는 이미 일본인의 작은 체형에 맞는 자전거를 생산했다. 그리고 1907년부터는 일본 자체 생산량이 수입 물량을 넘어섰다. 영국 프리미어 사와 던롭 사의 일본 공장도 생산에 박차를 가했으며, 일본군도 대량 주문으로 자전거 열풍에 기여했다. 자전거를 장만할 형편이 안 되는 사람들은 수입 대여품을 이용할 수 있었고 자전거 클럽까지 생

1897년경 일본의 인력거

일본과 중국에서는 19세기 후반부터 두 개의 바퀴 위에 사람이 앉을 수 있는 마차 형태의 교통 수단이 존재했다. 마차와 다른 점은 말이 아닌 사람이 끈다는 것이었다.

겼다. 창업을 통해 성공의 길을 보장할 수 있는 새 길이 열린 것이다.

그 기회를 이용한 사람이 바로 가난한 농부의 아들, 시마노 쇼자부로島野庄三郎였다. 열다섯 살에 칼을 만드는 대장간을 열었던 그는 1921년 40평방미터의 선반을 대여해 사카이에 시마노 철공소를 차렸다. 그리고 자전거용 프리휠 피니언을 만들었다. 전쟁이 끝나고 회사는 경금속 단금 기술 덕분에 자전거 기어와 낚싯대를 생산하는 세계적인 기업으로 성장했다. 그 과정에서 400명의 직원이 1만 2,440명으로 늘어났다.

1925년에서 1938년까지 일본은 중국과 인도에 수출까지 하는 아시아 자전거의 중심국이었다. 전후에는 카메라와 자전거 부품 시장에서 세계적인 국가로 발돋움했다. 1948년에는 국가 재건을 지원하는 국가 경쟁 시스템에 힘입어 케이린 경륜장이 문을 열었다. 자전거 산업을 정책적으로 육성하면서 이류야마의 자전거 기술 센터, 도쿄의 자전거 문화센터, 100킬로미터 간격을 두고 수리 공장까지 갖춘 자전거 호텔 체인까지 생겨났다.

중국의 경우에는 사정이 많이 달랐다. 자전거를 타고 세계 여행을 다닌 서구인들은 중국에서 서양 세력과 그들의 문화를 거부하는 적대적인 중국인들에게 생명의 위협을 느꼈다. 그래도 1890년부터는 서양인이 많이 사는 조약항에서는 중국 라이더들이 서구 스타일을 모방하며 자전거를 즐겼다. 하지만 중국 내륙에서는 중산층조차 비싼 수입 자전거를 살 엄두를 내지 못했다.

일본과 달리 여성이 밖으로 잘 나오지 않았던 것도 자전거 보급을 방해했을 수 있다. 당시 중국 여성들은 가난 때문에 일을 해야 하는 경우를 제외하면 전족을 강요당했기 때문에 자전거 페달을 잘 밟을 수 없었을 것이다. 그래도 조약항인 상하이에서는 돈은 많지만 멸시를 당하던 기녀들이 당당하게 로우훨을 타고 다녔다는 기록이 전한다. 남자들은 체면 때문에 자전거를 감히 타지 못했다. 형편만 되면 모두가 가마를 타거나 릭샤를 탔으니까 스스로 자기 발을 움직여 이동한다는 생각 자체를 아예 못 했을 수도 있다. 1926년만 해도 한 대학교수가 돈을 아끼려고 걸어가다가 체신을 생각해 목적지 바로 앞에서 릭샤를 탔다고 고백했다.

그래도 1930년대 말에는 적어도 대도시에서는 중고 자전거 시장이 크게 형성되었다. 1936년에서 1938년 사이 한 일본 기업이 중국으로 진출해 회사를 설립하고 상하이, 톈진, 선양 세 곳에 자전거 공장을 열었다. 1949년 중화인민공화국은 이 회사를 국유화해 계획경제 정책에 따라 운영했다. 이곳에서 생산한 '페이거'(나는 비둘기)라는 이름의 스탠다드 자전거는 1958년 100만 대의 생산 목표를 달성했다. 1990년대에 덩샤오핑鄧小平은 "집집마다 페이거 한 대씩 있는 것이

번영"이라고 말했다. 이 기종은 5억 대가 넘게 생산되어 세계에서 가장 많이 제작된 자전거가 되었다.

참고문헌

1990년 스코틀랜드 글래스고에서 처음 개최된 국제 사이클링 역사 회의 (International Cycling-History Conference; ICHC)는 회의보고서 *Cycle History*를 통해 자전거의 역사를 정리해왔다.
http://www.ichc.biz/proceedings.php

Bauer, Carl Johann Siegmund: *Beschreibung der v. Drais'schen Fahr-Maschine und einiger daran versuchter Verbesserungen*. Nürnberg: Steinische Buchhandlung 1817 (Reprint Hans-Erhard Lessing (Hrsg.), Frankfurt: Westhafen 2016).

Bertz, Eduard: *Philosophie des Fahrrads*. Dresden: Reissner 1900 (Reprint Wulfhard Stahl (Hrsg.), Hildesheim: Olms 2012).

Bleckmann, Dörte: *Wehe wenn sie losgelassen! über die Anfänge des Frauenradfahrens in Deutschland*. Leipzig: Maxime-Verlag 1998.

Bollschweiler, Michael–Mertins, Michael–Renda, Gerhard (Hrsg.): *Rückenwind. Ein Streifzug durch die Fahrradgeschichte* (Historisches Museum Bielefeld Schriften 27). Bielefeld: BVA 2011.

Clayton, Nicholas: *The Birth of the Bicycle*. Stroud: Amberley 2016.

Dauncey, Hugh: *French Cycling. A social and cultural history*. Liverpool: Liverpool University Press 2012.

Ebert, Anne-Katrin: *Radelnde Nationen. Die Geschichte des Fahrrads in Deutschland und den Niederlanden bis 1940*. Frankfurt: Campus 2010.

Epperson, Bruce D.: *Peddling Bicycles to America. The Rise of an Industry*. Jefferson: McFarland 2010.

Guroff, Margaret: *The Mechanical Horse. How the Bicycle Reshaped American Life*. Austin: University of Texas Press 2016.

Hadland, Tony und Lessing, Hans-Erhard: *Bicycle Design. An Illustrated History*. Cambridge MA: The MIT Press 2014.

Herlihy, David: *Bicycle. The History*. New Haven: Yale University Press 2004.

Hochmuth, Andreas: *Kommt Zeit, kommt Rad. Eine Kulturgeschichte des Radfahrens*. Wien: ÖBV 1991.

Lessing, Hans-Erhard: *Wie Karl Drais das Fahrrad erfand*. Karlsruhe: Lauinger-Verlag 2017.

Lessing, Hans-Erhard: *Automobilität. Karl Drais und die unglaublichen Anfange*. Leipzig: Maxime-Verlag 2003.

Lessing, Hans-Erhard (Hrsg.): *Ich fahr' so gerne Rad. Geschichten vom Glück auf zwei Rädern*. München: Deutscher Taschenbuchverlag [4]2017.

Maierhoff, Gudrun und Schröder, Katinka: *Sie radeln wie ein Mann, Madame. Als die Frauen das Rad eroberten*. Dortmund: Edition Ebersbach [2]1993.

Moser, Kurt: *Fahren und Fliegen in Krieg und Frieden*. (Technik + Arbeit 13, Schriften des Technoseum) Ubstadt-Weiher: Verlag

Regionalkultur 2009.

Norcliffe, Glen: *Critical Geographies of Cycling. History, Political Economy and Culture.* Burlington: Ashgate 2015.

Rabenstein, Rüdiger: *Radsport und Gesellschaft.* Hildesheim: Weidmann [2]1995.

Schenkel, Elmar: Cyclomanie. *Das Fahrrad und die Literatur.* Freiburg: Isele 2008.

Smith, Robert A.: *A Social History of the Bicycle.* New York: American Heritage Press 1972.

교통 혁신·사회 평등·여성 해방을 선사한 200년간의 자전거 문화사

자전거, 인간의 삶을 바꾸다

초판 1쇄 인쇄 2019년 6월 25일
초판 1쇄 발행 2019년 7월 5일

지은이 한스-에르하르트 레싱 **옮긴이** 장혜경 **펴낸이** 김종길 **펴낸 곳** 아날로그

기획편집 이은지·이경숙·김진희·김보라·김은하·안아람
마케팅 박용철·김상윤 **디자인** 정현주·손지원 **홍보** 윤수연·김민지 **관리** 박인영

출판등록 1998년 12월 30일 제2013-000314호
주소 (04029) 서울시 마포구 월드컵로8길 41
전화 (02) 998-7030 **팩스** (02) 998-7924
페이스북 facebook.com/geuldam4u **인스타그램** geuldam
블로그 blog.naver.com/geuldam4u **이메일** geuldam4u@naver.com

ISBN 979-11-87147-43-5 (03900)
책값은 뒤표지에 있습니다.
잘못된 책은 구입하신 곳에서 바꾸어 드립니다.

이 도서의 국립중앙도서관 출판시도서목록(CIP)은
e-CIP 홈페이지(www.nl.go.kr/ecip)와
국가자료공동목록시스템(www.nl.go.kr/kolisnet)에서
이용하실 수 있습니다.
(CIP 제어번호 : 2019022140)

만든 사람들 ──────
책임편집 김보라 **디자인** 구민재page9 **교정·교열** 윤혜숙

글담출판에서는 참신한 발상, 따뜻한 시선을 가진 원고를 기다리고 있습니다.
원고는 글담출판 블로그와 이메일을 이용해 보내주세요. 여러분의 소중한 경험과 지식을 나누세요.
블로그 **blog.naver.com/geuldam4u** 이메일 **geuldam4u@naver.com**